前记　重温京派名士的烟云往事 / 001

第一辑　探名士虚实

"雨巷诗人"戴望舒的另一面　/ 002

盛成：因非虚构震动世界的中国作家　/ 011

胡适为何要"黑"熊式一　/ 020

他是金庸的堂哥，更是伟大的现代诗人　/ 030

《狂人日记》中狂人的原型是章太炎吗　/ 041

林纾，文坛领袖难敌妖魔化　/ 050

严复：落日青山一片愁　/ 061

齐白石为何说"人骂我我也骂人" / 071

是谁开除了张恨水 / 080

辜鸿铭是首获诺贝尔文学奖提名的中国作家吗 / 089

德龄，辜鸿铭炒作出来的"公主" / 099

梁实秋，一辈子都在骂战 / 110

第二辑　寻恩仇缘由

刘半农为何与鲁迅渐行渐远 / 120

周作人为何骂丰子恺"浮滑肤浅" / 130

杨度与梁启超为何绝交 / 140

陈师曾，与鲁迅渐行渐远的朋友？ / 150

废名打过熊十力吗 / 160

齐如山为何刻意遮蔽张彭春 / 170

梅兰芳绑票案仍迷雾重重 / 180

第三辑　鉴风流真假

高长虹是鲁迅的"情敌"吗　/ 192

老舍与赵清阁，落叶无限愁　/ 202

曹聚仁为何编派许羡苏　/ 211

吴宓：此生恨未成小说　/ 221

小凤仙挽蔡锷联究竟出自谁手　/ 231

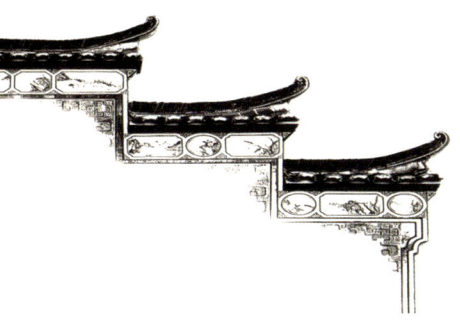

前记　重温京派名士的烟云往事

民国时期，北京是全国文化中心之一，与上海并称，但"京派文化"与"海派文化"不尽相同。

"京派文化"形成的契机是：1919年巴黎和会后，因列强拒绝公正对待中国，中国知识界集体失望，自甲午战争后形成的"全面学习西方"的梦想因之破灭，梁启超、辜鸿铭等较为了解西方文化的学者，转而主张用民族主义对抗现代主义，从追求"文明"，走向追求"文化"。

对此，不论是北洋政府，还是后来的国民党政府，亦都加以倡导。

一方面，将北京（一度被称为北平）定义为"文化古都"，成为"文化"的标杆，刻意保留并美化其传统。

另一方面，政府大力支持大学、文化机构等，以至在当时北京，形成了一个收入较高、闲暇较多的文人群体。他们自许为文化正统，并站在"京派文化"的立场上，批评"海派文化"过度商业化、格调不高。

有足够资助，所以"京派文化"能远离市井，加上当时北京物价极廉，作家们生活压力小，在创作上能精益求精，努力向世界标准靠拢。

在北京，鲁迅生活了十四年，胡适生活了约二十年，徐志摩生活了十年，陈垣生活了五十八年……这是一个漫长的名单。他们人生中最好的年华是在北京度过的，"京派文化"影响了他们一生。

翻开现代文学史，"京派"尤其辉煌，涌现出周作人、废名、沈从文、林徽因、李健吾、萧乾等；此外还有"京味文学"，以老舍、梁实秋为代表；至于凌叔华、冰心，亦引领一时风尚……

整体来看，"京派文化"作家群追求唯美，努力探索有民族特色的叙事方式，他们的创作不易随时间变化而失去价值。但这个小圈子过度依赖投入，一旦离开大学、文化机构等，便生存维艰。此外，许多有才华的青年受学历、人脉等限制，无法挤入其中，难免造出各种纠纷。

以往文学史写作较偏重作家思想、创作手法等方面的分析，这自然是正途，却也埋下误解的可能。作家也要吃饭，也要面对实际生活，也会有嫉妒、轻蔑、偏见、功利心等，也要规划人生，也要在个性冲突、利益冲突中挣扎……完全忽略这些，后来的读者便很难进入其角色中，无法获得更真切的体验。

所以，重新梳理这段历史，应该是有意义的。

蔡　辉

2019年8月8日

第一辑

探名士虚实

"雨巷诗人"戴望舒的另一面

戴望舒是20世纪30年代现代诗派的代表诗人,他一生主要在南方度过,却逝世在北京,并最终葬在北京。

戴望舒的墓在北京西山脚下的万安公墓,碑文是茅盾所书,只有"诗人戴望舒之墓"七个字。该墓曾遭毁坏,1980年重修,现碑文是茅盾先生重写的。

来北京前,戴望舒在香港工作,得到解放战争消息后,他说:"我不想再在香港待下去了,一定要到北方去。就是死也要死得光荣一点。"可惜戴望舒在北京生活的时间太短,未能留下更多佳作。

> 撑着油纸伞,独自
> 彷徨在悠长,悠长
> 又寂寥的雨巷
> 我希望逢着
> 一个丁香一样地
> 结着愁怨的姑娘
>
> ——节选自《雨巷》

在白话诗歌史上,这首《雨巷》是脍炙人口的名篇,戴望舒因此被称为"雨巷诗人",该诗不仅接续了李璟"丁香空结雨中愁"的意境,且"替新诗底音节开了一个新纪元"(叶圣陶语)。事实上,《雨巷》是戴望舒的早期作品,与他中后期作品风格迥异。

因为《雨巷》,"丁香姑娘"原型施绛年亦成公众关注对象,而戴望舒对她长达八年的苦恋,以及诗人后来两段婚姻的不幸,使后人习惯性地给他贴上"情种"标签,将他想象为文弱书生,而这与真实的戴望舒有着不小的差距。

冯亦代先生在谈到第一次见戴望舒时,说:"在我心目中的诗人,一定是面色白皙,风姿潇洒的;但眼前伫立着的却是高过我半个头黑苍苍的彪形大汉。"

其实,在戴望舒身上,还有很多不为人知的"另一面"。

《雨巷》是怎么成为经典的

戴望舒原名戴朝寀,杭州人,生于1905年,父亲是银行职员。

十七岁时,戴望舒已在报刊上发表小说。1923年秋,戴望舒考入中国共产党人创办的上海大学的中国文学系,邓中夏、瞿秋白任总教务长和教务长,校舍在弄堂中,同学中有丁玲、施蛰存、杜衡等。

1925年5月,因抗议"五卅惨案",大学被封,戴望舒、施蛰存、杜衡先后转入震旦大学法语系,1926年,三人创办了《璎珞》文学旬刊。在法国神父教导下,戴望舒研读了雨果等人的诗,但他偏偏喜欢学校禁止阅读的法国象征派。

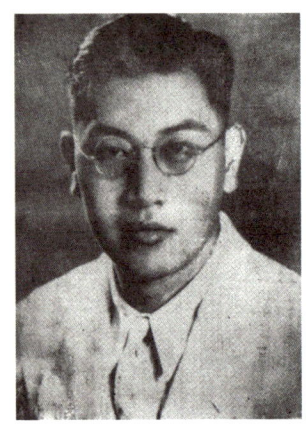

著名诗人戴望舒

《光华附中半月刊》1936年第四卷、第四至五期合刊第一页上刊发的戴望舒漫画像

1927年2月,因参与革命宣传,戴望舒、杜衡被拘留,并被震旦大学开除。不久,"四一二反革命政变"爆发,为了避祸,戴望舒躲到杭州施蛰存家中,对施蛰存的妹妹施绛年一见倾心。

《雨巷》是不是写给施绛年的呢?有这种可能,据戴望舒长女戴咏素说,施绛年虽没有戴望舒的两任妻子美貌,但个子高,与一米八多的戴望舒相配,且有幽怨气质。

该诗写于1927年夏,此时双方刚认识。《雨巷》与波德莱尔的《给一位交臂而过的妇女》神似,有仿作之嫌,在诗人圈中一直有微词。卞之琳说"《雨巷》读起来好像旧诗名句'丁香空结雨中愁'的现代白话版的扩充或者'稀释'";杜衡批评此诗"凑韵脚"。

一年后,《雨巷》发表,因契合当时热血青年们迷茫、苦闷、失意的心情,迅速流传开来,随着时间推移,诗中缠绵、敏感的情愫打动了一代代读者,《雨巷》遂成经典。

靠开书店硬挤上文坛

戴望舒爱上施绛年时二十二岁,而施绛年才十七岁,正上高中。在《林下小语》中,戴望舒甚至将施绛年的名字嵌入诗中:"拿去吧,亲爱的,拿去吧 / 这沉哀,这绛色的沉哀。"

但施绛年并没看上戴望舒。有说法称他幼年患天花,致满脸麻子,但从照片看,此说似言过其实。施绛年毕业后在上海邮电部门当职员,而戴望舒此时尚未成名,且生计无着。

1928年暑假,震旦大学的同学、小说家刘呐鸥到上海,租了一套三层楼的房间,邀戴望舒、施蛰存去住。无聊之至,刘呐鸥遂建议办一间书店,并投了几千元,可他们都不知道还要申请执照,书店开张不久便被查封。

于是,三人将店挪到没人管的租界,专事出版,书店初期经营困难。1929年,林语堂侄子林疑今译完《西部前线平静无事》(今通译作《西线无战事》),此书是当年欧洲畅销书,洪深等也已译完,但洪深坚决要写一篇两万字的介绍长文,附在书后。洪深是出了名的爱拖拉,结果戴望舒等抢到首发,仅五个月便再版四次,卖了一万两千册。

书店不仅赚钱,还帮戴望舒走上文坛。施蛰存曾说:"他(指戴望舒)的诗集还送不进上海几家新文学书店的大门。第一是因为诗集的销路打不开,第二是因为作者的名声还不够。我们自办书店,印自

己的作品，可以说是硬挤上文坛。望舒的《我的记忆》，也是硬挤上诗坛。"

靠《我的记忆》，戴望舒成了著名诗人，在书的扉页，特别用法语印上A Jeanne（给施绛年）。

在法国白混四年

戴望舒费尽心机，收效却不大，便自杀殉情，这可吓坏了施绛年，同意与他订婚。

1931年春，在订婚仪式上，施绛年提出，希望戴望舒赴欧获学位后，双方再完婚。这本是"缓兵之计"，但戴望舒信以为真。

恰在此时，刘呐鸥因经济困难，不再支持书店，书店虽账面有盈利，可都是先发书后结账，大笔资金压在经销商手中，计三四万之多，已难维持。

为了周转，戴望舒不得不跑北京收账，并暗访东安市场中的盗版书。据罗大冈先生记，戴望舒曾感慨，如果有一天他获得了诺贝尔文学奖，那么，他要办一所书院，让文学青年专心搞翻译、创作。

不久，书店倒闭，戴望舒远赴法国，可他也不上课，混了一年，把钱花光，又申请到中法大学免费住宿。中法大学鉴于他的名气，同意了申请。按规定，两学年不及格，将遣送回国。可戴望舒依然不上课，埋头在宿舍里译书挣稿费，花销多是施蛰存寄来，其实施蛰存也很困难，最窘时月收入仅五十元。

施绛年此时爱上了一个冰箱推销员，在当时，此职位颇时髦。戴望舒听到风声，但施蛰存回信搪塞，嘱戴望舒专心学业。但戴望舒无心向学，却偷着参加了里昂工人游行，还和大家一起掀翻了一辆路边停的小汽车，并放火焚烧。

两年后，戴望舒申请延长学期，中法大学破格批准。可戴望舒去西班牙抄中国古代小说时，又在那里参加游行，回法国后，警方早已通知学校，限其三天内离境。

惹恼鲁迅

为表示不满，校方没给戴望舒盘缠，只给了他四等舱船票，戴望舒后来抱怨说：还不如难民收容所，食物粗得像喂牲口的饲料。

更让戴望舒头痛的是，此时他已成"左联"（中国左翼作家联盟）敌人。戴望舒参加了"左联"成立大会，但1932年，左翼诗人们集体向戴望舒开炮，因徐志摩已死，李金发转向美术，戴望舒俨然成了诗坛领袖，而他的风格又很独特，与"狂叫"与"直说"的主流不合。郭沫若曾说："我要以英雄的格调来写英雄的行为……我高兴做个'标语人'、'口号人'，而不必一定要做'诗人'。"

对于围攻，戴望舒回以《法国通讯关于文艺界的反法西斯蒂运动》，称左翼作家"愚蒙"且横暴，此文却激怒了鲁迅。鲁迅曾将译著交戴望舒的书店出版，视其为同道，因而将此文看成"从背后射来的毒箭"，撰文回击，戴望舒与"左联"从此分道扬镳。

回国后,施绛年与戴望舒正式分手,小说家穆时英劝他:"我妹妹比施绛年漂亮十倍,还想她干吗?"

1935年10月,胡适请戴望舒翻译《吉诃德爷》(今通译《堂吉诃德》),每月预支稿费两百元,生活有了着落。1936年6月,戴望舒与穆时英的妹妹穆丽娟结婚。

抗战全面爆发后,戴望舒全家赴港。戴望舒担任《星岛日报》副刊《星座》主编,大量刊载名家文章,他曾说:"没有一位知名的作家是没有在《星座》里写过文章的。"

持续冷战致婚姻破裂

在香港,戴望舒收入颇丰,有房有车,但与穆丽娟感情纠纷渐多。

二人相差十二岁,兴趣、爱好不同,双方很少交流,穆丽娟曾说"他是他,我是我,我们谁也不管谁干什么"。穆丽娟的寡母也在香港,穆丽娟有时住在她那里,家中幼女哭闹着要找妈妈,戴望舒备感恼怒。

据认识戴望舒的卜少夫、徐品玉撰文称,戴望舒曾当众羞辱穆丽娟,但戴咏素认为戴望舒自小家教极严,上学时因穿背心打篮球,还挨过父亲的揍,绝不会如此失礼。

穆丽娟晚年在接受专访时,说:"看戴望舒看不惯,粗鲁,很不礼貌。"罗大冈也说他"为人不拘小节,缺点也实在不少"。

穆时英后被中统派回上海,打入"汪伪"内部,却被军统误杀。

噩耗传来，穆丽娟痛不欲生，戴望舒以为穆时英附逆，斥责说："你是汉奸妹妹，哭什么劲？"二人感情进一步恶化，戴望舒曾对住在他家的施蛰存说："丽娟有一个月未和我讲话。"

穆丽娟母亲后回到上海，1940年去世。借葬母之机，穆丽娟赴沪不归，戴望舒追了过去，但穆丽娟决心已下，此时"汪伪"宣传部部长胡兰成要留戴望舒办报纸，戴望舒闻讯只好匆匆逃回香港。

穆丽娟晚年曾说："他对我没有什么感情，他的感情给施绛年去了。"

再婚不忘叫板前妻

回香港后，戴望舒写信称要自杀，穆丽娟忙问戴望舒的姐姐怎么办。他的姐姐说，戴望舒自杀过，一个人不可能再自杀一次。穆丽娟因而未回应。

没想到，戴望舒真的服了毒，好在被及时抢救回来。

死里逃生，戴望舒同意分居六个月，如不能挽回，即告婚姻终止。在此期间，戴望舒给穆丽娟寄了许多信，还寄了两本私人日记。可六个月未到，日寇占领香港，戴望舒被投入监狱，还被施以灌辣椒水、坐老虎凳等酷刑，等叶灵凤救他出

幸亏叶灵凤搭救，戴望舒得以出狱，图为叶灵凤

狱,戴望舒原本壮实的身体已垮了下来。

见已超时限,戴望舒不得不放弃,不久与杨静(杨丽萍)结婚。杨静比戴望舒小二十一岁,非常美丽,婚后,戴望舒特意将她的照片寄给穆丽娟。

然而,戴望舒的第三段婚姻也只维持了六年,因杨静出轨,戴望舒动手打了她。戴望舒去世二十八年后,杨静曾说:"那时候我年纪太小,对他了解不多,也没有想到要好好了解他。现在看来,可以说是一件憾事。"杨静和戴望舒也生了一个女儿。

这次情变,戴望舒虽没自杀,但据叶灵凤说"他在人前一再摇头:死了,这次一定死了"。

1949年2月,戴望舒与杨静离婚,1949年3月,戴望舒秘密回到北京,出任新闻出版总署国际新闻局法文科科长。

戴望舒有哮喘病,平时自己注射麻黄素。1950年2月28日上午,在一次自我注射中,因剂量过大而昏迷,送到医院时,已停止呼吸。

一代风流,就此陨落,终年四十五岁。

盛成：因非虚构震动世界的中国作家

盛成先生是集作家、诗人、翻译家、语言学家、汉学家于一身的著名学者，在国际上拥有较大影响，他的作品曾入选法国中学课本，并与罗曼·罗兰、毕加索、阿波利内尔、布雷东、海明威等有较密切的往来。因参加了"达达主义运动"，晚年盛成被人们称为"最后一个达达"。

盛成是江苏仪征人，但人生中两个重要阶段是在北京度过的。

其一是1917年，盛成考入北京长辛店京汉铁路车务见习所，得以参加五四运动。

其二是1978年后，七十九岁的盛成回到北京，在北京语言学院（今北京语言大学）任教。

1996年，盛成在北京辞世，时任法国总统的希拉克发来唁电，称赞盛成"创立了中国与法国间的现代关系"。

盛成一生传奇，可惜今天知道他的人已不多。

当神奇的动力运转起来，向前推进着的时候，
一千个萌芽，齐声歌咏着它们的每一份命运。
蠕虫，娇小的蠕虫，从它们隐蔽的洞穴里酣眠的胚芽里／破茧而出……啊，蠕虫，……激情的力量！
你们吞噬着林木和它们正在变红的肌肤。

名士斯文风雅

你们吃着，你们蜕变着。你们侵蚀着理性

——节选自《嬗变》

这首题为《嬗变》的诗是题赠给"20世纪法国最伟大的诗人"保尔·瓦雷里的，作者是著名作家盛成。

今天读者对盛成之名颇觉陌生，但他用法语写成的非虚构作品《我的母亲》曾被译成十七种文字，销量达百万册，该纪录至今仍未被打破。

提到中国文化走向世界，学者陈子善先生曾说："美国人认林语堂，英国人认熊式一、蒋彝，法国人认盛成。"

在这四人中，盛成最富传奇色彩。

逼曹陆章下台的关键人物

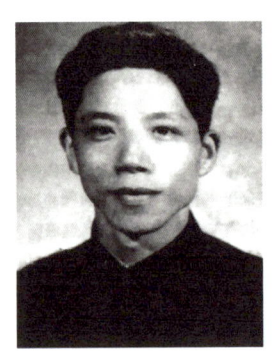

青年时代的盛成

盛成生于1899年，十二岁时与其兄盛白沙参加了辛亥革命的收复南京之战，1914年考入上海震旦大学法语预科，结识了在此学法语的徐悲鸿。三年后，考入北京长辛店京汉铁路车务见习所。因老乡葛定荣在北大上经济系，盛成常去坑，被大家视为"非正式的北大学生"。

五四运动爆发时，盛成亦冲入了曹汝

霖宅"火烧赵家楼",并在长辛店发动工人,组成"救国十人团",还依据亲历编出《火烧赵家楼》剧本,这是盛成第一次尝试文学写作,也是长辛店历史上第一次演话剧。

6月2日,五四运动代表聚商对策,其中一位代表提议长辛店铁路工人罢工,盛成则认为工人太穷,该代表同意从天津学生"抵制日货"运动时没收来的现款中,拨出一万大洋支持罢工。

当时长辛店工人还秘藏着两千支步枪,是袁世凯当年为对抗孙中山而发下来的,后来也没收走。盛成与该代表约定,如6月10日晚12点前,当局仍不罢免曹陆章,便举行武装罢工。

据知情人回忆,时任副厂长(盛成回忆称是机务段段长)的刘家骥是曹汝霖女婿,其弟是盛成当年的同学。刘家骥想拉拢盛成,未能成功,后因辱骂参加五四运动的工人,工人们包围其住宅,准备打他,刘家骥逃之夭夭。大家打不开大门,便放火烧房,曹汝霖的女儿跪在楼上求饶,在比利时工程师调解下,工人们才散去。

刘家骥通报了长辛店的异动,6月10日,当局不得不将曹陆章罢免。

加入"达达主义"

五四运动后,孙中山想让盛成到自己身边工作,被盛成谢绝。拿着黄兴夫人徐宗汉资助的船票,盛成来到法国。

盛成先在杜隆木器加工厂打工,不久入旺多姆中学,1920年

底，法国共产党（以下简称法共）成立，盛成被选为南方朗多克省支部书记。与此同时，盛成交好毕加索、海明威，并成为"达达主义"（1916年至1923年风靡欧洲的艺术流派，提倡无政府主义）中的一员。

在法国，因留法生过多，中国学生与法方不断冲突，初期盛成参与过一些活动，不久则刻意远离留学生群体，盛成本想学社会学和教育学，后改学农业，并在蒙比利埃大学取得硕士学位。

1926年，法共接受第三国际领导。1927年，著名作家罗曼·罗兰计划在瑞士举办国际妇女保卫和平大会，邀盛成参加。第三国际抵制该会，禁止盛成参与。盛成决定参加此次大会，后被法共开除（盛成称自己是主动退出）。

吃了罗曼·罗兰的闭门羹

在国际妇女保卫和平大会上，盛成朗读了他正在写作中的《我的母亲》前两章，得到与会者赞扬。

回法国后，背负着被法共开除的郁闷，盛成很快将此书写完。书中讲述了自己的母亲在祖母旧观念的重压下，含垢忍辱，用爱将两个孩子拉扯大的动人故事，展现出东方女性的人格力量。

盛成将书稿交给罗曼·罗兰，但罗曼·罗兰却让他妹妹玛德莱娜回了封信。

罗曼·罗兰慢待盛成，因二人思想有分歧。盛成是无神论者，在给罗曼·罗兰的信中，对基督教有很多批评。罗曼·罗兰在回信中不满地说："如果我像你攻击基督教一样，诋毁中国的儒教和佛教，你会怎么看待我呢？"

当时罗曼·罗兰名满欧洲，很多文学新人写信给他，希望他能推荐自己的作品，令他厌倦不已。盛成成名后，曾多次请罗曼·罗兰给自己新书写序，都遭到拒绝。

盛成将《我的母亲》书稿寄给出版商，却无人回应，好不容易收到一封回信，却称："稿子非常之好，我们非常钦佩，可是我们不能承印。"

就在盛成绝望时，法国社会活动家加皮夫人问他："你认识什么大名人吗？"盛成想来想去，说认识保尔·瓦雷里。加皮夫人惊叫道："你的救命星到了。"

打了一个大胜仗

保尔·瓦雷里是法国著名的象征主义诗人，因代表作《海滨墓园》而不朽。

1927年5月，瓦雷里参加母亲葬礼，准备回巴黎，他哥哥到火车站送行，恰好盛成也在等车，瓦雷里的哥哥是蒙比利埃大学法学院院长，兼管外国留学生，便介绍二人认识。几天后，瓦雷里便收到盛成来信。

瓦雷里起初未予理睬，但盛成来信不断，反复推荐《我的母

亲》，11月21日，瓦雷里终于给盛成回了信。

1928年，盛成受聘到巴黎大学执教，瓦雷里去听了盛成讲的第一堂课，盛成教的是东西方蚕业比较，可他却讲了一堂《易经》课，给瓦雷里留下深刻印象。

这年7月，终于有出版商接受《我的母亲》，恰好瓦雷里为该书写的十六页书评在《交流》杂志上发表，引起轰动，《我的母亲》成了热销书。

为何《我的母亲》能打动瓦雷里？因为此前，瓦雷里对东方存有刻板的印象，"中国好像在另一颗行星之上，向来和地球是分开的"，这本书让他意识到，在人性的基本面，东西方是完全相同的。我们都是人，都有人的脆弱与苦难，我们本可以用更悲悯的眼光望向

著名诗人保尔·瓦雷里，正因他的大力推荐，盛成迅速成名

对方。

法国媒体说:"盛成打了一个大胜仗,使瓦雷里能听他的话,不再把东方人当作一个'怪物'来看待,这可真是了不得,简直开了一个新纪元。"

罗曼·罗兰曾对梁宗岱说:"他起先曾经请我为他的书作序,我拒绝了!没想到瓦雷里竟替他写了!"

居然没看上孙多慈

《我的母亲》轰动欧洲,著名科学家居里夫人、土耳其共和国缔造者凯末尔、后来的法国总统戴高乐等致信赞扬,盛成与爱因斯坦、纪德等亦有往来。

盛成在法国先后与达吉亚娜、海涯斯丹、露意沙、滴娜恋爱过,且同赖雪儿订过婚(后取消),但盛成只记录了与俄国女子达吉亚娜之间的罗曼史。达吉亚娜本有恋人,又与盛成擦出火花,却最终与原恋人结婚。几年后,她给盛成的解释是:本属意盛成,但自知生命短暂,曾见两天鹅,一死而另一伤心欲绝,为不让盛成将来痛苦,决心离开他。

这番谈话后不久,达吉亚娜便去世了。

盛成回国后,徐悲鸿说:"你在外国,一个人单身是没有问题的。回来后单身就非常不方便了。"他将自己的学生孙多慈推荐给盛成,并骗孙多慈当模特,让盛成从旁观察,但盛成没看上孙多慈,反

徐悲鸿想撮合才女孙多慈与盛成,但未能成功。图为孙多慈的自画像

而是徐悲鸿自己和孙多慈产生了感情。

1937年后,盛成曾担任十九路军政治部主任,被老舍赞为"游击教授",后误传盛成遇难,中华全国文艺界抗敌协会准备为他开追悼会,老舍说还是先弄清情况再说吧,遂改成默哀一分钟。

《我的母亲》成绝响

1947年,盛成被教育部派到台湾接替日本教授,后被陈诚戴上"红帽子",不得在公立大学任教,亦不得出境,戴高乐曾邀盛成赴法,也没能成功。前后十八年,盛成只能从事学术研究工作。

1965年,盛成借口探望女儿,去了美国。在美国,盛成发现自己所学英语、法语已过时,交流维艰,为重新学外语,他每天背一百个单词。后到法国,被欧洲人视为"最后的达达",成了艺术史的活化石。1968年,盛成参与了"五月风暴"(法国学生发起的反政府运动),并给戴高乐写了封《无风不起浪》的信,批评当局。

1978年,盛成终于回到大陆,在北京语言学院法语系任教,1996

年12月26日，盛成在北京去世。

盛成拥有多方面才华，是诸多重大历史事件的见证者，晚年著有《盛成回忆录》。但此书舛误颇多，被一些学者嘲讽为"盛成吹牛录"。

据20世纪30年代外国记者观察，"他（指盛成）能把他所想的像演戏似的表演出来"，"盛先生可是个老于世故的人。他经得多，见得广，并且从阅历中受益无穷"。记录者认为，盛成"既不像他的敌人所描绘的那样坏，也不像他的朋友所想象的那样好"。

很少有人能像盛成这样，在不同方向上都取得成功，而代价是，在《我的母亲》之后，盛成再没能写出同样的佳作。

盛成有两段婚姻，子女均有成就，但"文革"中，他的一个儿子曾宣布与他断绝父子关系。

画家梅拉（Maria-Mela Muter）所绘盛成像

胡适为何要"黑"熊式一

熊式一是中国现当代文学史上"走向世界"的作家之一,时人称:"英国人认熊式一,美国人认林语堂。"可见他的影响力。可惜在本土,熊式一的名字如今很少被提及。

熊式一与北京关联密切。

一是熊式一曾在北京高等师范学校学习英语,本有机会进入"京派文化"圈,却因学历不够被拒,加上未得胡适赏识,只好漂洋过海,踵武前辈镀金之路。

二是熊式一与老舍交好,1949年后,差点追随老舍回到大陆。

三是熊式一写小说,缘于对北京作家凌叔华不满。

四是熊式一能成名,缘于改编了京剧《红鬃烈马》。

熊式一蹚出了一条东西方文化交流之路,即:充分发掘自身之长,用别人能听懂的方式表达。这对今天仍有启迪价值。

"他(胡适)叫我的内子告诉我,教我从此以后千万不可以再把我的文章给英国人看……我收到内子的信后,真想从此停笔,再不可冒冒失失地写英文出丑。"在《八十回忆》中,熊式一写下这段话,当时他刚到英国不久,正准备用英文写作。

对于熊式一,今人多感陌生,但他当年轰动海外,是极少数赢得国际影响的中国作家,陈寅恪曾写诗称"海外林熊各擅场",林即林语堂，熊即熊式一。

幸亏熊式一没听胡适的话，否则便不会有后来风靡欧美的《王宝川》《天桥》等作品，而胡适为何会对熊式一抱如此大的成见，值得玩味。

套磁套上了萧伯纳

熊式一生于1902年，江西南昌人，本名熊适逸，因在家族同辈中排行第十一，故谐其音为笔名。

熊式一三岁丧父，寡母将其拉扯成人，1919年考入北京高等师范学校英语部，毕业后曾在私立大学任教，翻译了哈代、萧伯纳、巴雷等人作品，被徐志摩赞为"中国研究英国戏剧第一人"。

1931年，武汉大学文学院院长陈源登门拜访，欲请熊式一去教欧美近代戏剧，闲聊中，得知熊式一没有留学经历，依当时教育部规定，无洋文凭，便不能在国立大学当正教授。

经此刺激，熊式一下决心出洋，此时他与夫人蔡岱梅已有五个孩子。他卖掉刚译完的《萧伯纳全集》《巴雷全集》版权，得八千大洋，留一半给夫人，自带一半赴伦敦，瞄准了伦敦大学文学博士学位（后来并没拿到）。

萧伯纳与顾毓琇（左）、熊式一（右）合影，拍摄者是陈源

据熊式一的好友谭旦冏说,熊式一出国前特意在江西定制了一批瓷器,上面精绘萧伯纳、巴雷等人肖像及赞美之词,到英国后,以中文译者名义,登门馈赠,由此和大作家们建立了联系。谭旦冏说:"不能不说他(熊式一)是有计划的,至少是心机很灵活的一个人。"

熊式一与萧伯纳交情甚深,桂永清(后曾任"中华民国海军总司令")访英时,熊式一带他去拜访萧伯纳,当时萧伯纳年事已高,桂永清却反复赞其身体好,并称赞其牙齿,萧伯纳马上从嘴中掏出假牙,递给桂永清,说:"你真赞赏我的牙齿吗?好吧,你可以接过手去仔细欣赏欣赏。"

王宝钏成了"珍贵河流夫人"

为练习英语,熊式一写了一出喜剧,名为《财神》,请萧伯纳等人指正,萧伯纳说:"你的英文可喜之至,英国人绝对写不出这样好,它比英国人写的英文高多了,他们的英文常常是笨是糟透了!我们将来一定把你这种英文列为特别一类,应该叫它中国的英文。"

熊式一搞不清萧伯纳的话是赞美还是讽刺,只好不了了之。

当时伦敦有位洛克哈德爵士,曾在中国任职四十多年,官至香港辅政司(仅次于总督),年已七十多岁,为打发寂寞,常约熊式一、谭旦冏喝下午茶。洛克哈德热爱中国文化,尤喜京剧,在闲谈中,反复怂恿熊式一将《红鬃烈马》译成英文。

熊式一不愿承揽此事，说到英国是来研究外国戏剧的，不是来介绍中国戏剧的，但谭旦冏劝他说："剑走偏锋，也许能闯出一条路，不妨试试。"

熊式一更喜欢《玉堂春》，可转念一想，玉堂春是妓女，剧中有奸情和谋杀亲夫等情节，怕别人骂他辱国，且《玉堂春》情节近似《灰阑记》，后者被英国导演搬上舞台，反响极差。于是，熊式一用六个星期，将《红鬃烈马》改写成一个喜剧，名为《王宝川》，不用"钏"，因剧本英文名为《Lady Precious Stream》（珍贵河流夫人），而钏字很难译成英文。

第一个为该剧点赞的，是帮熊式一誊稿的打字员，在她的鼓励下，熊式一将稿交给剧本代理人，很快便有人对此感兴趣，但要求大量修改，熊式一不同意，只好收回原稿，一家家剧院去碰，看谁愿意演出它，结果碰了一圈钉子，毫无成果。

一身长袍镇住了女主角

就在熊式一绝望时，濒临倒闭的麦勋书局表示愿意出版《王宝川》，并一口气签下熊式一今后五本书的版权。

为舞台表演而写的剧本，未必适合阅读，熊式一请英国著名诗人亚柏康贝作序，出乎意料的是，《王宝川》轰动一时，很快便有一家小剧院老板来信，表示愿将其搬上舞台。

《王宝川》开始排练时遇到意外情况，女主角来了一天，便辞职

而去,另换一人,也是一天就走,一连四天,都是如此。剧院老板对熊式一说:"这些情形,你都看到了,明天我们再试一次,假如这第五位女主角,仍然不作时,我们只好停演了,你也不能怪我。"

原来,当时英国人颇歧视东方人,女主角不愿听命于熊式一的导演,加上熊式一身材矮小,略高于一米五,穿上西装后,更显袖珍,无法镇住演员。

恰在此时,有高人问熊式一,是否有中式长袍,因当年李鸿章访英,一身长袍极为威风,让英国人肃然起敬,此法可以一试。熊式一第二天换了长袍,果然留住了第五位女主角。自此以后,熊式一在海外一直以长袍示人。

《王宝川》上演后,引起巨大轰动,连演三年,计九百余场,当时英国皇后先后八次到场观看,该剧还搬上荷兰、匈牙利等国舞台,但荷兰人将"珍贵河流夫人"改名为"珍珠河",因珍珠更贵,捷克人则改为"王春泉",匈牙利人则改为"王钻川"。

墙外开花墙内纷争

影星胡蝶在伦敦曾看过《王宝川》,让她惊讶的是,演员着装古怪、不中不西,建议熊式一从中国订购京剧服装,熊式一无可奈何地说:"洋人迷信,必须穿初次演出时的服装,否则视为不吉。"

1935年10月30日,熊式一受邀到美国纽约,准备将《王宝川》搬上百老汇,他请名媛唐瑛来演女主角,唐瑛英语极佳,在上海曾演过

《王宝川》，被认为优于伦敦版，但唐瑛正患病，错过此机会。当时中国媒体极感遗憾，说："唐瑛若去，作用不下于二十位大使。"

为了让美国观众看懂，在演出《王宝川》时特意设置了"报告人"角色，此法为当年梅兰芳访美时首创，即每一幕前安排解说员用英语介绍剧情、艺术特色等，熊式一请当时中国驻美大使施肇基的女儿施美美来担纲。

民国名媛唐瑛，熊式一想与她合作，可惜未成

《王宝川》在美国取得巨大成功，连演一百多场，美国总统罗斯福的夫人亦到场观看。熊式一忙让夫人到华人街买点心赠送，但夫人蔡岱梅匆忙间忘了包装，闭幕接见时，罗斯福夫人只好一手托着那些点心。

1936年，熊式一短期回国，却遭田汉、洪深等人批评，在《辱国的王宝川》中，洪深斥责《王宝川》并非一出中国戏，而是一部模仿外国人所写的恶劣中国戏，在当时中国水深火热的情况下，文艺应反映现实，不应翻译古戏。后来张恨水在《日本人数典忘祖》中，在讽刺日本人时，也顺手痛斥《王宝川》取悦外国观众，有损中国文化形象。

梅兰芳在伦敦与熊式一、黄柳霜和余上沅合影

梅兰芳在伦敦与美国黑人歌唱家罗伯逊（左一）、黄柳霜（左二）、熊式一（左四）、余上沅（右一）等合影

为讽刺而写小说

1937年后，熊式一与郭沫若、宋庆龄等被推举为"全国战地文人工作团"主席团成员，并被派去英国宣传抗战。

因名气大，熊式一被邀请到英国广播电台讲座，并为观察家报、纽约时报、BBC等撰稿，成为传播中国文化的重镇。

1943年，熊式一的讽刺小说《天桥》问世，再度引起轰动，被译成法、德、西班牙、瑞典、捷克、荷兰等多种文字，与林语堂《京华烟云》齐名。

在《天桥》中文版的序中，熊式一写下这段话："近来还有一位老牌的女作家，用了她同行冤家的笔名，为一部英文的自传，除以杀头为开场之外，还说她父亲有六个姨太太，她自己便是姨太太生的。"

熊式一民族情结强烈，非常反感华人作家自曝中国丑陋的一面，但这位"老牌的女作家"究竟是谁？考当时背景，只有凌叔华用英语出了自传小说《古韵》，且署名

熊式一的签名画像

"SuHua"。

出于对凌叔华不满,熊式一决定"要写一本以历史事实、社会背景为重的小说,把中国人表现得入情入理"。

还有多少熊式一被埋没

20世纪50年代,熊式一曾想回内地,却因写过《蒋介石传》而被拒,只好辗转于港台等地教书。据舒乙说,熊晚年极富,在富人区的山上有别墅,海景尽收眼底,一只手上戴三个玉镯,抬手时响声清脆,但很寂寞。

1991年8月,八十九岁的熊式一回到北京,9月15日,因白血病在京去世。

熊式一走向了世界,却失去了故乡。他为中国文化赢得国际荣誉,可几乎所有中国现当代文学史都没提到他的名字。究其原因,当西方将东方视为"他者"时,东方也将西方视为"他者",在不自觉中对西方文化采取仰视态度,从而在判断上失去了平常心。

熊式一的英语确实不太标准,台湾学者蔡永琪指出,《天桥》虽是英语写作,却有明显的中译英痕迹。

胡适曾当面对熊式一说,"他的学生所作的《还乡》,十全十美,他(熊式一)的文笔,百无一是"。熊式一出国前,母校英文系主任沈步洲得知熊翻译了巴雷的《可敬的克莱登》,便劝告说:只翻译这一部已足够了,再也不可多译下去,以免后来受人指摘。

与此相反，萧伯纳、巴雷、亚柏康贝等大家却都称赞熊式一英语好。

熊式一这样的人才在本土被忽略，却在异域焕发光彩。

他是金庸的堂哥，更是伟大的现代诗人

1935年，十七岁的穆旦考入清华大学，来到北京。不久，"七七"事变爆发，清华大学成了日军的马厩和医院，学子们只好南下逃亡。

自西南联大毕业后，穆旦跟随远征军进入缅甸，20世纪40年代时，穆旦已成最有影响力的青年诗人，被认为是"九叶诗派"的扛鼎者。穆旦后赴美留学，获得了硕士文凭。1949年后，他毅然回到祖国，在南开大学执教多年，直到去世。

穆旦一生在京生活时间不长，却葬在北京的万安公墓。穆旦的夫人周与良是北京人（祖籍安徽省至德县，即今安徽省东至县），毕业于辅仁大学（本科）和燕京大学（硕士）。周与良出身名门（父亲是著名收藏家周叔弢，曾任全国政协副主席）。

1985年5月，周与良先生将穆旦安葬于北京，2002年5月，周先生在美国去世，子女将她的遗骨带回，与穆旦合葬。穆旦的墓碑上原写"诗人穆旦之墓"，现已改成"诗人穆旦、夫人周与良之墓"。

我已走到了幻想底尽头，
这是一片落叶飘零的树林，
每一片叶子标记着一种欢喜，
现在都枯黄地堆积在内心。

有一种欢喜是青春的爱情,
那时遥远天边的灿烂的流星,
有的不知去向,永远消逝了,
有的落在脚前,冰冷而僵硬。

另一种欢喜是喧腾的友谊,
茂盛的花不知道还有秋季,
社会的格局代替了血的沸腾,
生活的冷风把热情铸为实际。

另一种欢喜是迷人的理想,
他使我在荆棘之途走得够远,
为理想而痛苦并不可怕,
可怕的是看它终于成笑谈。

只有痛苦还在,
它是日常生活,
每天在惩罚自己过去的傲慢,
那绚烂的天空都受到谴责,
还有什么彩色留在这片荒原?

但唯有一棵智慧之树不凋,
我知道它以我的苦汁为营养,

它的碧绿是对我无情的嘲弄,

我咒诅它每一片叶的滋长。

1976年3月,穆旦写下这首《智慧之歌》,一句"我已走到了幻想底尽头",令人潸然泪下。第二年,五十九岁的穆旦告别人间,去世时,连他的子女也只知他叫查良铮,不知他还有一个注定会被镌刻在文学史中的名字——穆旦。

穆旦有鲁迅般的孤独与深刻,可惜一生总在创作圈外徘徊,与其才华相比,他留下的作品实在太少太少。

与金庸同脉不同支

1935年至1937年,正在清华大学期间的穆旦

穆旦1918年生于天津,本名查良铮,乃江南查家之后,论辈分,是武侠大家金庸的堂哥。

江南查家在明清两代获秀才头衔者八百余人,考取进士、举人者一百三十三人,著名诗人查慎行兄弟三人同入翰林院,时人颂为"一门十进士,叔侄五翰林",康熙皇帝曾御书"唐宋以来巨族,江南有数人家"赐查家。

明中期时，江南查家第三代中有一支至京津经商，世居天津水西村，即"北查"，穆旦出自此脉，与属"南查"的金庸并无往来。

穆旦的祖父查美荫曾任知州，因存款的银行倒闭，急气攻心，五十五岁便去世了。穆旦的父亲查燮和行六，"记忆力差，一直没有很好的工作"，"一生任小职员，工作断断续续，薪俸微薄，生活拮据，常靠变卖旧物维持"，晚年吃斋念佛，自称"自在逍遥一懒人"。

穆旦六岁上学，七岁即在邓颖超、刘清扬等主编的《妇女日报·儿童花园》上发表《不是这样的讲》的百余字文章，通过小女孩与母亲对话，"隐含着对能坐汽车的有钱人家的讥讽"。

穆旦这么写，或与其家道中落、饱受亲戚白眼有关。

十一岁时，穆旦考入南开中学，在校刊上发文时，始以"穆旦"（有时也写成慕旦）为笔名，即将"查"拆成"木"和"旦"两部分，并易"木"为"穆"。

1935年，十七岁的穆旦同时被三所大学录取，他选择了清华大学地质系，半年后改读外文系。

情场上的常败将军

抗战全面爆发后，穆旦随学校漂泊至云南，路上买了本英文字典，背完一页便撕掉一页，到昆明时，竟将其完全背了下来。因为太用功，常误赶路，同行的洪朝生（后成为著名物理学家）说："腿快

的常常下午两三点钟就到了宿营地……查良铮则常要到人家晚餐时才独自一人来到。"

在北京，穆旦恋上万卫芳，她也是天津人，富商之女，就读于燕京大学，二人相识时，她已有婚约，他们相恋两年，"彼此写了一百多封信"。

南逃到昆明后，万卫芳接到家中电报，称母亲病危。穆旦认为这是万家的骗局，但她坚决要回去，不久和未婚夫结婚，那男子也是燕大学生，姓余。

据杨宪益先生的妹妹杨苡对学者易彬说："这件事引起了穆旦相当大的愤怒。有人说，从来也没有看过穆旦那么愤怒过，整个楼道都听得到他愤怒的声音。很多人认为是那女子把穆旦甩了，诗人受了很多苦。"

杨苡虽非当事人，但她后来嫁给赵瑞蕻，而赵与穆旦是上下铺。

万卫芳同意这门婚事，据说条件是出国留学。后穆旦在美留学，万卫芳写信要见他，却被穆旦拒绝。万卫芳的先生因精神分裂而逝，她后来也精神分裂，把两个子女都杀死了。

穆旦早年有多段感情经历，

1938年4月28日，西南联大步行团抵达云南昆明，5月1日，穆旦拍下了这张照片

杨苡曾和别人一起数过,但"也没数清",因为每次都很短,杨认为"他(指穆旦)是得不到"。

从"野人山"死里逃生

在西南联大,穆旦所代表的"九叶诗派"轰动文坛,因他们大胆引入艾略特等西方大家的写作手法,拓展了白话诗的格局。诗人郑敏曾说:"40年代学习西方现代化诗歌的,穆旦做得最好。他才情横溢,是艾略特的艺术和拜伦性格的结合体。"

1940年6月,穆旦大学毕业,被聘为助教,月薪九十元,但只教了一年多,穆旦就加入了杜聿明的远征军,奔赴缅甸。

选择参军,因穆旦有爱国情怀,曾说:"不打日本鬼子无法消除心头之恨。"

不过,还有另外两层原因:一是穆旦不喜欢当老师,"想作诗人,学校生活太沉寂,没有刺激,不如去军队体验生活";二是入伍即为少校,收入会增加一些。

1942年8月穆旦随中国入缅远征军撤到印度,10月摄于印度加尔各答

入缅作战半年后,穆旦所在部队

惨败,逃入"野人山"的原始森林。最长一次,部队挨饿十四天,穆旦的马和传令兵都死了,经过四个多月跋涉,他们终于到了印度。在印度,穆旦差点因吃得过饱而胀死。

第二年1月,穆旦自印度飞回,一度在国民党中央政治学校任教,因教学理念不同,与国民党宣传部副部长董显光大吵一架,拂袖而去。

在熟人面前,穆旦很少提自己在战争中的经历,直到1945年,他才写出诗作《森林之魅——祭胡康河上的白骨》,以纪念死难战友。

想进文艺圈却没机会

1944年,穆旦在中国航空公司当职员,爱上同事曾淑昭,还给她写了两首诗,但后来穆旦又想回军队,遂与曾淑昭分手,曾淑昭后来嫁给胡适的长子胡祖望。

有传言称,在西南联大期间,穆旦曾说:"沈从文这样的人到联大来教书,就是杨振声这样没有眼光的人引荐的。"此事与刘文典骂沈从文,应皆属空穴来风。1946年,穆旦回到北京,与沈从文、林徽因交往颇多,一度还替沈从文编过《益世报·文学周刊》。在此期间,他结识了后来的妻子周与良。

1945年到1949年,穆旦频繁换工作,他的堂兄查良钊一度在上海高法当官,可穆旦偏不肯投奔他。北大想拉穆旦回去教书,可1946年4月,他却出人意料地去了沈阳,和友人共同创办《新报》。

当时沈阳并非文化重镇，但穆旦显然想告别"小职员"生涯，迈入文艺圈。在《新报》，他与不少名家建立了联系。

《新报》一度局面不错，发行量从三千份攀升到万余份，跻身东北四大报之一，可到1947年8月，该报被当局封杀。

穆旦回到上海，不幸患上肺结核，一度失业，后在联合国粮食及农业组织（FAO）当小职员，此时周

穆旦与周与良，1949年12月23日在美国佛罗里达州小城杰克逊维尔（Jacksonville）结婚照

与良已赴美留学，为了多赚钱，穆旦还受FAO之派去泰国曼谷工作了一段时间。

在上海时，穆旦与巴金往来密切，但工作太忙，难有时间创作。杨苡说，"大家当时在南京的生活真是苦得不行。比如江瑞熙和她爱人，一个在美新处，一个在美联社，发现怀孕了，赶紧在周末打掉，周一又照常上班，还不敢说，说了饭碗就会没了"。

1949年8月，穆旦自费赴美留学。

坚决回来报效祖国

穆旦是通过周珏良认识其妹周与良的,周珏良与穆旦是中学同学。周珏良的父亲是周叔弢,著名的红色实业家,1949年后曾任天津市副市长等职。

周家富裕,而穆旦寒酸,周与良的大哥、历史学家周一良曾说:"我们家大多数人对他(穆旦)过去的情况都不够了解,因此他每次到我们家来,当大家欢聚在父母身边,兴高采烈,高谈阔论时,他常常是向隅而坐,落落寡欢。许多年中,我去天津,记得只上他家去过一次。"

1952年2月,周与良获芝加哥大学植物学哲学博士学位,和穆旦合影留念

周与良对穆旦的第一印象非常好,"一位瘦瘦的青年,讲话也风趣,很文静,谈起文学、诗歌很有见解,人也漂亮"。1949年,二人在美国会合,并于同年结婚。

周与良与穆旦性格不同,周与良曾说:"几十年我们共同生活,各自干自己喜爱的事,各自有自己的朋友。"

在美国,杨振宁、李政道、穆旦等成立了"研究中国问题小组",对于是否回国,穆旦主张马上回,为此天天背俄文字典。

穆旦获硕士学位后,周与良还在修博士学位,穆旦不肯找长期工作,便到邮局当夜班扛邮包的临时工,每天要工作到凌晨三四点,自称"这是人、肌肉与机械传送带之间的较量"。

刚到美国时,穆旦是自费,但1949年10月,美国通过"富布赖特法案",在美中国留学生全部享受奖学金,可依然没留住穆旦的心。

渴望安定却未酬

1953年初,穆旦回国,在南开大学外文系当副教授。

自1953年起,穆旦不断推出译作,署名为查良铮,据周与良回忆:"他几乎把每个晚间和节假日都用于翻译工作,从没有夜晚两点以前睡觉。"后来,穆旦遭遇诸多不公,翻译工作亦中断,但他始终乐观,常在烟盒背面偷着写诗。

1976年,穆旦跌伤,左腿残废,痛极时只能将砖烤热,敷于患处。1977年,为根治腿疾,穆旦同意接受手术,但似乎预感到什么,将着力最多的《唐

1952年12月,穆旦夫妇离开芝加哥回国,在车站与送行的同学和朋友们合影

璜》译稿交给小女儿,说"也许要等到你老了才可能出版"。

1977年2月26日凌晨,穆旦因心脏病发作去世。1979年,穆旦被平反,1981年,葬于北京万安公墓,在他的骨灰旁,放着终于能出版的《唐璜》。

杨苡曾说:"他(穆旦)本人是极希望安定的,但实际上很难安定。"

《狂人日记》中狂人的原型是章太炎吗

1913年,章太炎结婚不久,受所谓"进步党"邀请,从上海来到北京,却遭袁世凯扣押。直到1916年袁世凯病死,章太炎才重获自由。

对于这段经历,鲁迅先生曾记录说:"民国元年章太炎先生在北京,好发议论,而且毫无顾忌地褒贬。常常被贬的一群人于是给他起了一个绰号,曰'章疯子'。"

章太炎在北京生活时间很短,且不甚如意,但他的几位弟子,如黄侃、钱玄同、朱希祖、许寿裳、周氏兄弟等,却长期在北京生活,"章门弟子"在学界曾叱咤风云,只是在后来"英美派"的冲击下,渐渐淡出。

章门弟子不仅继承了章太炎的学问,且在观念上也与乃师同调,如讨厌京剧、批评《黄帝内经》、行为不羁、倡言革命等。虽章太炎未将鲁迅列入门墙,但鲁迅始终对章执弟子礼。

可见,只有理解章太炎,才能理解当时北京文化圈的真实生态。

1932年2月29日,六十五岁的章太炎再度来到北京,劝张学良积极抗战、收复东北。章太炎当年任东三省筹边使时,与张作霖有旧。张学良执礼甚恭,但表示暂时无法出兵,章太炎再度扫兴而去,四年后病逝于苏州。

有"狂人"之称的章太炎

"遇着艰难困苦的时候,不是神经病的人断不能百折不回,孤行己意。所以古来有大学问成大事业的,必得有神经病,才能做到。……为这缘故,兄弟承认自己有神经病。也愿诸位同志人人个个都有一两分的神经病。"在近现代史上,章太炎堪称是最著名的"精神病""狂人",对这些称号,章太炎颇为自得。

一方面,章太炎十六岁时奉父命参加县试,致癫痫症发作,从此断了举业;另一方面,章太炎平生行事古怪,曾与孙中山、梁启超、刘师培、吴稚晖等不合。

章太炎是鲁迅的老师,1916年7月,双方在北京见了最后一面,1918年5月15日,《狂人日记》正式发表。周作人说,狂人原型是鲁迅得过疯病的阮氏表兄,可小说中狂人那张扬的个性、犀利的思想,令人很难不联想到章太炎。

狂人真是章太炎吗?为何《狂人日记》后,章太炎与鲁迅不再往来?

与梁启超分分合合

1869年1月,章太炎出生于浙江余杭一书香门第,父亲章濬曾任县学训导,后被革职,常在家作诗咒骂清廷。

章太炎六岁入学,九岁随外祖父朱有虔读经,二十二岁拜在朴学大师俞樾(俞平伯的曾祖父)门下,直至三十岁。

1897年,章太炎至上海,任《时务报》撰稿,与总主笔梁启超共事仅三个月,即因政见不同愤然离去,传闻称梁启超带队拳击章太炎,章太炎则给了梁启超一耳光。但1899年,章太炎流亡日本时,梁启超在住处将章太炎介绍给孙中山,可见梁章未必拳脚相见过,但章太炎在给汪康年的信中说:"伯鸾(汉代名人梁鸿字伯鸾,与梁启超同姓,为防信件落入清廷密探之手,故作此隐语)旧怨,亦既冰释,渠(他)于弟更谢血气用事之罪。"从语气看,双方似曾斗殴。

受父亲影响,章太炎激烈反清,不得不两度赴日避难。1899年8月底,章太炎潜回上海,俞樾斥之为"不忠不孝,非人类也",将其逐出师门,章太炎则公开发表《谢本师》,嘲讽俞樾"尝仕索虏""授职为伪编修"。

1903年6月,章太炎写成代表作《驳康有

维新派中坚梁启超

为论革命书》一文,并在《苏报》上发表,直斥保皇派,让梁启超极尴尬。章太炎此前出版《訄书》时,封面用梁启超的题字,而1903年再版时,却换成了邹容的题字。

《苏报》的一系列文章引起清廷震怒,1903年6月30日,报馆被查封,章太炎、邹容被捕,先被判为"永远监禁",后在舆论压力下,改判章太炎监禁三年,邹容监禁两年。邹容因病逝于狱中。1906年6月29日,章太炎刑满出狱,孙中山将他接到日本,任《民报》总编。

此时《民报》与梁启超的《新民丛报》已论战了半年多,章太炎刚接手,梁启超便下令单方面停止论战。梁启超还将自己写的《国文语解缘》托人带给章太炎审订,并请他作序,但章太炎回应道:"政治上的尖锐对立,绝非学术上投其所好即能疏解,更非往昔的私谊所能弥缝。"

再得罪刘师培

1908年10月,日本政府查封《民报》,并课以罚款,章太炎差点被罚去做苦力,最终靠弟子凑钱赎出。

1907年,章太炎"睹国事愈坏,党人无远略,则大愤",想去印度当和尚,因无川资,便与张之洞的女婿、时任清政府驻长崎领事卞某秘密接触,向张之洞借路费。

卞某回国后,不敢和张之洞说,转求助另一位清廷大员端方,端方表示愿意掏钱，章太炎自己不敢回去，便派刘师培去谈判。刘师培也是国学大师，自视极高，比章太炎小十六岁。在刘师培面前，章太炎常以师长自居，动辄公开驳斥他，二人一度关系紧张。刘师培的夫人何震与汪公权暧昧，章太炎未有证据，便向刘师培告发，刘师培以"内惧艳妻"闻名，反迁怒于章太炎。

刘师培回国后，迅速投向清廷。辛亥革命时，刘师培在四川被拘，差点被枪毙，经章太炎多方营救乃免，但二人从此互不往来。

章太炎首创"中华民国"一词

1908年，章太炎在日本进退两难，便开班授徒，钱玄同、朱希祖、任鸿隽等百余人听过他的课，讲《说文解字》时，鲁迅、周作人、许寿裳等也曾来听。许寿裳说，朱希祖笔记最勤，钱玄同说话最多，且在席上爬来爬去，鲁迅便给他起绰号为"爬来爬去"。鲁迅大概听了一年多课，笔记犹存，其中部分完全抄自朱希祖。

鲁迅晚年曾说："直到现在，先

清末名臣端方，表示愿意接济章太炎，但章太炎要求一次性付款，被端方拒绝

虽然章太炎未将鲁迅列为弟子,但鲁迅一直师事章太炎。鲁迅在教育部任职期间,参与我国第一套官方发布的拼音方案制订,完全采用了章太炎的主张

生(指章太炎)的音容笑貌,还在目前,而所讲的《说文解字》,却一句也不记得了。"这段经历对鲁迅影响极大。首先,鲁迅后在教育部任佥事时,与朱希祖力倡拼音符号,采用的就是章太炎授课时设计的方案;其次,鲁迅曾抄了多年古书与碑帖,完全是章太炎做学问的方法;其三,鲁迅转型为小说家,亦拜章门弟子钱玄同支持。

章太炎写作半文半白、语言犀利,在士林中风靡一时,成为清末民初意见领袖,这对鲁迅的文风产生了巨大影响。鲁迅曾说,"中华民国"这个词还是章太炎首创的,1907年7月5日,章太炎在《中华民国解》一文中率先提出此概念。

周作人说:"太炎对于阔人要发脾气,可是对青年学生却是很好,随便谈笑,同家人朋友一般。夏天盘膝坐在席上,光着膀子,只穿一件长背心……笑嘻嘻地讲书,庄谐杂出。"据此看,鲁迅还真有可能将章太炎写进小说中。

被迫闭嘴,专心捞钱

1911年,辛亥革命爆发,章太炎尽释前嫌,欢迎孙中山回国主持大局。后因反对袁世凯专权,章太炎第三次被囚,时间达三年之久,其间袁世凯每月给章太炎五百元补贴。

袁世凯死后,章太炎追随孙中山到广州,试图说服军阀归附,却未有任何成绩,从此心灰意冷,在峨眉山受戒,再不过问世事,对外自称"中华民国遗民"。可孙中山宣布"联俄"时,章太炎又反对,发表《护党救国宣言》,其实章太炎并非国民党党员。

1927年3月,北伐军占领上海,5月4日,公布了"通缉反动学阀"六十六人名单,章太炎名列第一,两间私房因此被没收。1928年,北洋政府倒台,12月,章太炎又被第二次通缉。此后三年多,章太炎时而藏到日本医院中,时而藏到亲戚家,"被迫做起宁静的学者"。

东躲西藏间,章太炎不忘敛财。1928年6月,黎元洪因脑溢血病逝于天津,黎家找章太

为了称帝,袁世凯将章太炎骗到北京,软禁了三年,图为袁世凯

黎元洪去世后,黎家重金请章太炎写墓志,颇引人指摘,图为黎元洪

炎写墓志铭,章太炎获利上万,被媒体称为"清末以来,润格最高的谀墓"。陈独秀曾说:"晚年的章太炎,给军阀官僚写墓志、寿序一类的东西,一篇文章要成千甚至上万银圆的润资,变得庸俗了。"据传杜月笙每月也给章太炎送钱,梁启超撰文说,章被"诱奸"了。

1931年,章太炎再度出山,为抗日而奔走。

师徒相隔却相知

章太炎后期反对白话文,鲁迅嘲讽道:"太炎先生……一到攻击现在的白话,便牛头不对马嘴了。""因为我主张白话,不敢再去见他了,后来他主张投壶,心窃非之。"并表示:师如荒谬,不妨叛之。

周作人则批评章太炎:"自己以为政治是其专长,学问文艺只是失意时的消遣。"并说"先生老矣,来日无多,愿善自爱惜令名"。

章太炎晚年仿太平天国体例,将弟子"封王",钱玄同是翼王,黄侃是天王，汪东是东王，朱希祖是西王。章门弟子曾把持各大学，但都没继承章最拿手的经学。周氏兄弟没走学问道路，章太炎很少提及他们。

1932年，章太炎到北京促张学良抗战，在众弟子接风的酒席上，他问道："豫才（鲁迅字豫才）现在如何？"大家回答："现在上海，颇被一般人疑为左倾分子。"章太炎沉吟颇久，说："他一向研究俄国文学，这误会一定从俄国文学而起。"

1936年6月14日，章太炎病逝，终年六十七岁，国民政府特下达"国葬令"，但因抗战爆发，无法执行，直到20世纪50年代，章太炎的遗体才入土，后又被刨出，至20世纪80年代再葬。

鲁迅对章太炎的最终评价是："留在革命史上的，实在比在学术史上还要大。""战斗的文章，乃是先生一生中最大最久的业绩。"鲁迅对章太炎始终充满敬意，有了这层隔阂感，大概不会把章太炎写进小说里吧。

同年10月19日，鲁迅亦因病去世。

林纾,文坛领袖难敌妖魔化

林纾是中国翻译史上的开拓者,与严复齐名。

钱锺书先生曾评价说:"林纾的翻译所起的'媒'的作用,已经是文学史上公认的事实……接触了林译,我才知道西洋小说会那么迷人。"

著名翻译家许渊冲先生则认为:"我国第一个'有创作精神'的文学翻译家是林纾,他翻译的狄更斯作品,有人认为超过原作。"

林纾是福建人,但他在北京生活多年,并最终在北京去世。

据肖复兴先生考证,林纾在北京有两处故居,一在永光寺街,一在芝麻街,两处离着不远,隔着一条宣武门大街。肖复兴先后去了这两处,但都去晚了,"永光寺街已经拆光,正在盖楼。芝麻街还在,从东到西的一条窄胡同,空荡荡一街无人,哪里去找'地有花圃,闲旷特甚'的情景"。

由于参与文白之争,林纾一度被妖魔化,但这场争论不完全是学术之争,也包含了"法日派""英美派"试图将"严复派"挤出北京大学的因素。有了这层因素,便不难理解林纾为何会突然失态。

林译曾被认为"达、雅"而不"信"。经学者考证,林译所采祖本多是英文简写版,林纾并未擅自裁剪,他的翻译其实非常重视"信"。

林纾是当时"京派文化"的重镇,今人对他应有更多了解。

"我必须指出,那时的反对派实在太差了。在1918和1919年间,这一反对派的重要领导人便是那位著名的翻译大师林纾……对这样一个不堪一击的反对派,我们的声势便益发强大了。"在口述自传中,胡适如是说。该书在20世纪70年代风靡一时。

胡适早年曾说:"我们晚一辈的少年人只认得守旧的林琴南(林纾字琴南),而不知道当日的维新党林琴南;只听得林琴南老年反对白话文学,而不知道林琴南壮年时曾做很通俗的白话诗——这算不得公平的舆论。"

可宽容如胡适,最终也给林纾打上"反对派"的标签,且"不堪一击",实属遗憾。

林纾真是"落伍"者吗?真的"食古不化"吗?从他的人生悲剧中,不难读出时代裹挟的盲目与可怕。

因个人遭遇迷上《茶花女》

林纾是福州人,生于1852年。林家世代务农,祖父辈始入城居,父林国铨贩盐为生。

林纾四岁时,父亲的盐船触礁沉没,致倾家荡产,父亲去了台湾。林纾在祖母和母亲拉扯下长大。五岁时,林纾婶婶去世,遗孤秉华(林纾的堂弟)交林母抚养。林母每餐必令秉华先吃,然后才轮到亲生子女,林纾等"面有妒容",林母说:"如果我不幸先死,你婶婶也会这么待你们。"

与林纾合译《茶花女》的王寿昌

林纾九岁入私塾,曾在墙上画一棺材,写道:"读书则生,不则入棺。"林纾二十二岁时学画,虽患咳血症,十年不愈,却"一日未尝去书,亦未尝辍笔不画"。

三十岁时,林纾中举,以后七次参加吏部考试,均未铨选成功。

1897年,林纾妻子刘琼姿病逝,林纾心情郁闷,在友人劝告下,去福建马尾友人处散心,结识了正在船政学堂任法文教习的王寿昌。王寿昌小林纾十二岁,曾留法六年,好文艺,枕边常置《茶花女》,在酒席上,王寿昌聊起了书中内容。

王寿昌曾与琵琶女蟾月有染,蟾月后嫁给商人,双方仍有往来,事迹略近《茶花女》,而林纾也与一谢姓歌妓有染,迫于礼教,只好分手(该歌妓后来也嫁给商人,三年后抑郁而终)。

林纾被《茶花女》打动,但当时小说被视为邪书,不可公开谈论。王寿昌说,在法国,只有最优秀的文人才去写小说,希望林纾将其译成文言文。

一小时能"译"一千五百字

林纾不懂外语,但当时士林只接受文言文,而写好文言,绝非易事。

严复留学归来后长期不受重用，就因他文言太差，翻译《天演论》时，文稿经著名学者、桐城派大师吴汝纶改写，始得风靡。吴汝纶很欣赏林纾的古文，吴汝纶赴日考察时，伊藤博文曾问当下谁文言水准高，吴立刻答以林纾。

清末以来，翻译西书多取"舌人"法，即由懂外语的人口译成汉"语"，再由"撰述者"转写成"文"。

林纾下笔奇快，一天工作四小时，可成六千字。

桐城派最后一位大师吴汝纶对林纾的文笔极为欣赏。吴汝纶是严复的恩师，依托严复的关系，林纾得以执教北京大学，图为吴汝纶

王寿昌口译时，常泪流满面，林纾亦深受感动。二人此生只合译过这一本书，1899年，《巴黎茶花女遗事》（即《茶花女》）出版，十分轰动。为了这本书，林纾特别编了个"冷红生"的笔名，但两年后翻译《黑奴吁天录》（即《汤姆叔叔的小屋》）时，则不再藏头露尾，直接署名。

对《茶花女》，林纾并不特别看重，不仅将稿费全部捐出，助办福州蚕桑公学，且后来检讨自己译书"将及十九种，言情者实居其半"，决定转向外国探险小说，即"撼取壮侠之传"，"以振吾国民尚武精神"，并说"白人一身胆勇，百险无惮"，希望通过译书"俾吾种亦去其倦蔽之习，追蹑于猛敌之后"。

在北京大学混得不开心

1903年,林纾被京师大学堂(北京大学前身)译书局聘用,该局总办为严复,月薪三百两白银,有说法称林纾是副总办,实属讹传,林纾不懂外语,职位比"分译"还低,只是"笔述",月薪仅六十两("分译"为一百二十或一百两)。

林纾曾自叹:"不能抱书从学生之后,请业于西师之门。凡诸译著,均恃耳而屏目,此真吾生之大不幸矣。"

1906年9月,林纾被正式聘为京师大学堂教习,但到1913年,与校长何燏时冲突。在私信中,林纾称"校长何某,目不识丁,坏至十二分,专引私人"。因北大经费困难,兼以学潮,林纾只好离去,结束了在北大的九年沉浮。

林纾收入不低,但开销亦大:一是再娶后子女多,计有七子五女;二是好友王灼三、林述安逝后,林纾将他们遗孤带回家中抚养成人。在北京,林纾利用知名度在各学堂兼职,并与出版商往来密切。

虽离开北大,但林纾"前已为政学大学延为讲师,每礼拜六点钟,月薪一百元,合《平报》社二百元,当支得去。唯搬入城内,屋租三十八元,稍贵耳。幸与铭盘、石孙、秀生三人译书,亦可得百余元"。

对于被解聘,林纾曾说:"究竟余一生靠天,即无大学堂一席,亦不至饿死。"著名学者陈平原认为,从此言中可嗅出林纾硬争面子的味道,认为这是他后来"与北京大学诸君直接冲撞的远因"。

坐稳文坛领袖之位

从逻辑上说,民国文学史本从1912年1月写起,可到目前为止,仍多以鲁迅1918年5月发表《狂人日记》为始,留下整整七年空白,而这七年,恰是林纾领导文坛时期。

汪辟疆在《光宣以来诗坛旁记》中,将林纾、李宝嘉、吴沃尧、刘鹗、曾朴并称为"清末五小说家",其中只有林纾、曾朴活到辛亥革命后。

林纾自称:"屏居穷巷,日以卖文为生,然不喜论证,故着意为小说。"1913年,他完成了个人第一部长篇小说《庚辛剑腥录》,写戊戌变法,1914年又有长篇小说《金陵秋》,写辛亥革命,此外还有《冤海灵光》、《巾帼阳

胡适对林纾极为轻视,曾说:"对这样一个不堪一击的反对派,我们的声势便益发强大了。"但1924年10月,林纾去世后,胡适承认林纾是清末"苦口婆心做改革"的"新人物里的一个",图为胡适

秋》(即《官场新现形记》)、《劫外昙花》等几部长篇。1911年至1917年,林纾堪称是第一国民小说家,只是未脱传统章回小说窠臼,艺术价值不高。

1917年1月,胡适发表《文学改良刍议》,引起巨大轰动,一个月后,林纾发表《论古文之不宜废》,予以回应。在文章中,林纾提出"文无所谓古也",认为"亦特如欧人之不废腊丁(今译为拉丁文)耳。知腊丁之不可废,则马班韩柳亦自有其不宜废者"。这本是寻常的文艺争论,却遭新派学人轮番嘲讽。

林纾本是清末白话运动的干将,戊戌年(1895年)前出过白话诗《闽中新乐府》,1900年在杭州参与白话报工作,并写了数篇白话道情(一种民间戏曲)。

林纾提出异议,或有争正统之意,此外,林纾天性好辩。

林纾终于上了当

在《论古文之不宜废》后,林纾很长一段时间不再涉此话题,可新派学人的批评声反趋激烈,甚至转向人身攻击。

一方面,新文化运动领军人物陈独秀与胡适观点不尽一致,唯有在批林纾上有共识,故彼此竞逐、层层加码;另一方面,新派人物初期社会影响低,常感寂寞,期待用争吵引来关注。

1918年,《新青年》四卷3号上,"双簧戏"正式上演,刘半农假借回应"王敬轩"(实为钱玄同),称林纾"著作……半点儿文学的意味也没有","其知识实比不辨菽麦高不了多少"。

刘半农、胡适还在《新青年》上反复嘲讽林纾误译,认为林纾的翻译不够忠实原文,随意删改,但刘半农、胡适却举错了例子,把别人的误译安到林纾头上,称"这样译书,不如不译"。

傅斯年则撰文称,林纾"怕白话文风行

林纾误骂著名教育家蔡元培先生(图中中坐者),使自己身败名裂

了,他那古文的小说卖不动了,因而发生饭碗问题,断不至于发恨拼此残年,反对白话"。

轮番轰炸下,林纾终于把持不住,掉入了对手圈套,先后写了《荆生》《妖梦》,对蔡元培、陈独秀、胡适、钱玄同进行人身攻击。

《荆生》中写了一个"伟丈夫",痛殴陈独秀等,陈独秀马上将其附会为军阀徐树铮。其实,荆生为"经生"(书生之意)谐音。林纾少年习剑,自视为侠客,他与徐树铮虽有私交,但后半生从不入官场。袁世凯复辟时,让徐树铮请林纾出山,林纾回以"请将吾头去,

徐树铮是段祺瑞的心腹,被时人称为"小诸葛"。他一度大权独揽,被陈独秀等人误认为是林纾的后台,图为徐树铮

此足不能履中华门也"。后段祺瑞祝寿,重金请林纾的画,林纾予以拒绝。

林纾本光明磊落,惜一时修养功夫不够,从此名声扫地。

真的是千万富翁吗

林纾一生共翻译出版一百八十四种作品,郑逸梅说,商务印书馆出版了其中一百四十种,别人稿费千字二至三元,林译为六元,如此算来,林纾仅翻译收入便高达二十万银圆,在今天至少是千万富翁。

林纾后期绘画收入已超译书,据他自己说,1924年时"今舍译卖画,一月到得千元",据说他的山水画每幅卖三十块大洋,其好友陈衍称"琴南房中是造币厂",并夸张地写道:"纾有书画室,广数筵,左右设两案:一案高将及胁,立而画;一案如常,就以属文。左案事毕,则就右案,右案如之。食饮外,少停晷。"

但林纾经济情况未必像传闻中说的这么好,因他翻译作品需与"舌人"分账,有时他拿十二分之七,"舌人"拿十二分之五。1913年,在给儿子的信中,林纾写道:"一钱来处均不易,父老而力疲,须从俭为是，亦以体贴老父，即为孝子。"

1918年，林纾致信商务印书馆称，译稿字数一直有漏算，应予重估，并补足差额。商务印书馆让实习生谢菊曾专门负责此事，果然漏算十万字，补发了六百元。

为了生计，林纾晚年笔耕不息，郑振铎曾说他"实是一个最劳苦的自食其力的人"。直到去世前，林纾"犹日作画数事，自谓以分诸子也"。1924年6月，林纾一病不起，强撑至孔教大学授课，作诗说：

林纾的绘画水平不俗

《小说月报》1924年在第十五卷第十一期中刊出林纾先生遗照

"任他语体讼纷纭,我意何曾泥《典》《坟》。"

9月10日,林纾溘然而逝。他曾撰一联,称"遂心唯有看山好,涉世深知寡过难",其中悲怆,何人能懂?

严复：落日青山一片愁

1902年，严复被任命为京师大学堂"编译局总办"，这是他与北京大学结缘之始。

1912年2月，严复被任命为京师大学堂第十任总监督，提出"兼收并蓄，广纳众流，以成其大"。同年5月，京师大学堂改名国立北京大学，严复因此成为首任校长。遗憾的是，同年11月，严复便辞职了。

之所以辞职，因经费无着，严复的工资从三百元降为六十元，为了养家，不得不兼任"总统府顾问"，引起教育部不满，因当时教育部亦缺钱，工资在六十元以上者一律只拿六十元。

1912年7月，蔡元培签发《教育总长照会》，严禁兼职，加上媒体不断诋毁，严复不肯受辱，宣布辞职。

任期虽短，严复却为保存北京大学做出突出贡献，他提出的"兼收并蓄"的办学思想亦被长期保持。

大错惊心铸六州，土崩何日奠金瓯？
只余野史亭中语，落日青山一片愁。

这是一代启蒙大师、翻译家严复写下的诗。

严复十三岁丧父，一生辗转于官场与学界之间，因好辩多言，抑

郁不得志,年轻时曾写《辟韩》反对韩愈,晚年却将韩愈的"惟适之安"视为进化论的终极概括。严复墓碑上便刻此四字,是他去世前亲笔所书。

康有为赞严复是"精通西学第一人",梁启超称严复"于中学西学皆为我国第一流人物"。胡适则说:"严复是介绍近世思想的第一人。"

严复虽少有兼济天下之心,至老仍壮怀激烈,却无奈以著述名世,少有事功。作为最早提出"身贵自由,国贵自主"的思想家,严复始终未获一展抱负的机会。从他的生平中,足以读出一代先行者的苦痛、挣扎与无奈。

没和伊藤博文同学过

严复先世为河南光州人,唐末入闽。

1853年冬,严复生于福建南台,父亲和爷爷都是儒医,严复幼名体干,入福州船政学堂时改名宗光(字又陵),后又改名为复(字幾道)。

1866年,严复以第一名的成绩考入福州船政学堂,得到船政大臣沈葆桢的激赏。1877年,严复成为清政府派往欧洲留学的第一届船政学生(同时派出的有刘步蟾、林泰曾、萨镇冰、蒋超英等),入英国格林尼茨海军大学学习。

据林耀华《严复生平事略》称:"在英与先生同级有日本贵族

子弟名伊藤博文者，性颇聪慧，而勤于学，然先生每试辄最，伊不及也。"

这段话源自陈宝琛为严复所撰墓志铭，但原文只说"日本亦始遣人留学西洋"，并未明言是谁。伊藤博文比严复大十三岁，1863年赴英，1864年6月即回，此时严复尚未出国。

在英国，严复结识了郭嵩焘。

郭嵩焘时任驻英公使，1878年春节，使馆宴请在英留学生，郭嵩焘问及学业，严复说在上"野战筑城"课时，教官让每人挖一个三尺深的掩体，限一小时完成。一小时后，教官已挖成，学员们只完成一半，"惟中国学生工程最少，而精力已衰竭极矣"。严复认为中国学生从小无体育课，这是教育上的重大缺失。

1878年，青年严复摄于巴黎，时年二十四岁

在当天的日记中，郭嵩焘记下："严又陵（指严复）谈最畅……其言多可听者。"

曾纪泽比郭嵩焘差远了

1878年4月9日，是郭嵩焘六十岁生日，严复等留学生往使馆祝寿，郭嵩焘和严复相谈甚欢。第二天严复又来，论及国事，严复说："中国切要之义有三：一曰除忌讳，二曰便人情，三曰专趋向。"郭嵩焘在日记中写道："可谓深切著明，鄙人平生所守，亦不去此

在一代伟人郭嵩焘的支持下,严复对西方世界有了更深入了解,郭嵩焘希望清廷能重用严复,却未能成功,图为郭嵩焘

曾纪泽虽是名臣曾国藩之后,颇有能力,但心胸与见识,远远不如郭嵩焘,遂使严复饱受打压,图为曾纪泽

三义。"

此后严复常到使馆,可能是在郭嵩焘的建议下,严复去英国法庭旁听,回来赞叹说:"英国与诸欧之所以富强,公理日伸,其端在此一事。"郭嵩焘"深以为然"。郭嵩焘称严复为"生平第一知己",而当时严复才二十三岁。

郭嵩焘认为严复有当外交官的才华,多次向清廷保举。1879年,郭嵩焘被副手刘锡鸿中伤,黯然归国,接替他的是曾国藩的儿子曾纪泽。

刚开始,严复视曾纪泽如郭嵩焘,将自己的文章交给曾纪泽看。曾纪泽在日记中写道:"宗光(指严复)才质甚美,颖悟好学,论事有识。然以郭筠丈(郭嵩焘)褒奖太过,颇长其狂傲矜张之气。近呈其所作文三篇……于中华文字,未甚通顺,而自负颇甚。余故据其疵弊而戒励之,爱其禀赋之美,欲玉之于成也。"

严复古文水平确实不佳,但郭嵩

焘能平等交流，曾纪泽却居高临下、吹毛求疵，所以严复给郭嵩焘写信说："（曾纪泽）天分极低，又复偷懦惮事，于使事模棱而已，无裨益。"郭嵩焘评注道："所言亦殊切中。"

开罪于曾纪泽，严复毕业后当外交官的路被封死了，郭嵩焘特意致函英国海军大臣沙时斯百里，请"严宗光（严复）一名拟令再留校学习半年"，"俾于返国后担任教职"。

被"清流""浊流"拒之门外

1879年，严复毕业回国，不久被调入北洋水师学堂任总教习。任职期间，培养出黎元洪、刘冠雄、谢葆璋等人。但给四弟信中，严复说："兄北洋当差，味同嚼蜡。"

严复与李鸿章不睦，因而"不与机要"。

李鸿章是旧式官僚，任人唯亲，梁启超曾批评说："数十年之久，习艺而归国者，何止千百人，此千百人中，岂无一学识可取者乎？鸿章皆弃而不用，而惟以亲属、淮籍、及淮军系为用人之资。"李鸿章曾想让严复"执弟子礼"，却被严复拒绝。

严复不想当私臣，曾感叹道："燕巢幕上，正不知何以自谋，沧海横流一萍梗，只能听其漂荡而已。"可他没科举出身，无法自立，他请桐城派大师吴汝纶教自己写古文，但四次参加科举均失败，直到五十六岁时（1909年）才被清政府破例赐予进士出身。

严复深感苦恼，曾写诗说："四十不官拥皋比，男儿怀抱谁

1899年,严复(第三排中坐者)携家属在大沽口访问故友,与海军同窗在军舰上留影

人知?"

严复不愿党附李鸿章,因扶持他的沈葆桢、郭嵩焘均属"清流",而李鸿章是"浊流"中坚,虽通洋务,却腐败不堪,张之洞(属"清流")幕中辜鸿铭曾当面讽刺盛宣怀(属"浊流")说:"而宫保(指盛宣怀)属僚,即一小翻译,亦皆身拥厚赀,富雄一方。"

严复曾想靠近张之洞,写《辟韩》攻击李鸿章,因李鸿章最喜韩愈,没想到张之洞"见而恶之,谓之洪水猛兽",命手下人作《〈辟韩〉驳议》,由此断了严复回归"清流"的可能。

屡因失言铸大错

甲午战败后,严复先后发表了《原强》《救亡决论》等文。1898年6月,严复翻译的《天演论》正式发表,轰动一时。同年7月,孙家鼐拟请严复任京师大学堂总教习,却不了了之,因此时严复被疑为维新派。

据《郑孝胥日记》载：1898年9月时，"闻又陵（指严复）言，将开懋勤殿，选才行兼著者十人入殿行走，专预新政"。开懋勤殿是"帝党"重要举措，严复能率先知道，可能是光绪皇帝亲自告诉他的，以拉他加入，严复仕途突现光明。

然而，戊戌变法失败，慈禧太后秋后算账，幸严复与康、梁等人无来往，此外他在荣禄手下办事，加上军机大臣王文韶力救，方得免祸。

1905年，严复被清廷派到英国办事，有革命党人前来拜访，严复再次言语失当，说："以中国民品之劣，民智之卑，即有改革，害之除于甲者将见之乙，泯于丙者将发之于乙。为今之计，惟急从教育上着手，庶几逐渐更新乎？"这位革命党人回答说："俟河之清，人寿几何？君为思想家，鄙人乃实行家也。"

这段著名的对话将严复从此贴上"保守""落伍"的标签。

著名翻译家、思想家严复先生，图为1905年严复在英国的西装照片

1905年严复第二次赴英时所摄，时年51岁。下端为严复英文签名

被轰下北大校长的宝座

1912年2月25日,临时大总统袁世凯命严复出任京师大学堂(今北京大学)总监督,严复终于可实践"教育救国"的梦想了,可没想到八个月后就被轰出北大。

9月19日,北京《民立报》突然发表《大学校大校长大鸦片鬼之丑剧》一文,称严复因私带大烟被天津步军统领衙门拘留,数家报纸转载并评论,一时满城风雨。

严复吸鸦片,熟人皆知,并无被拘之事。据尚小明先生考证,此事应为北大化学系学生彭绳祖、彭绍祖等人造谣,因严复主校后重文轻理,引理科生不满,此外二人都是湖南人,与教育总长范源濂同乡。

范源濂是留日生,清末时严复主抓留学生甄别工作,颇轻视留日生。严复到北大后,经费紧张,便利用私人关系,以北大在俄国道胜银行存款单为抵押,向该行贷款二十万银圆,而教育部此时也缺钱,连工资都发不出,要北大将存款单上交,想抵押给华比银行去贷款,严复当然不同意,双方发生激烈对抗。

可能章士钊也暗中参与该事件。章士钊曾任《民立报》主笔,且教育部未给严复下免职令,便直接任命章士钊为北大校长。

严复名誉扫地,离职后与袁世凯走得更近。

袁世凯小站练兵时常到天津与严复聊天,当时有传闻称袁世凯将来要当皇帝，严复问袁世凯，袁世凯开玩笑说："我做皇帝，必首杀你。"二人大笑。其实私下严复看不起袁世凯，在分析甲午之败时，严复曾说："信任一武断独行之袁世凯，则起衅之由也。"

世间再无郭嵩焘

1915年，严复已六十三岁，杨度要他参加筹安会，严复"颇不欲列名"，但杨度说："此会宗旨，止于讨论国体宜否，不及其余。"严复碍于面子，不得不参加。

参加后，"筹安会开会，以至于请愿，继续劝进，庆贺"，严复"未尝一与其中"，8月20日，梁启超发表《异哉所谓国体问题者》，直斥袁世凯复辟。袁世凯给严复四万元支票，请他撰文反驳，严复坚拒。后袁世凯派人让严复撰文劝进，严复亦拒绝。

然而，6月28日袁世凯归葬时，严复却写《哭项城旧梓》三首哀悼。

1921年，严复因病去世。时人评价严复缺乏"勇德"，做事瞻前顾后，意志力又差，年轻时耽于赌博，一次赚了上万元，称可以辞职回乡了。他年轻时即吸鸦片，李鸿章曾劝过他，严复也未能戒断。

严复人格独立，遇事喜自主判断，在当时的大环境中，严复式的独立很难被人接受，严复主张适者生存，可他自己却没能成为"适者"。

郭嵩焘曾在日记中写道："又陵（指严复）才分吾甚爱之，而气

严复与外甥女何纫兰合影

性太涉狂易。"郭嵩焘知道严复的缺点,却予以包容,他曾提醒严复:"今负气太盛者,其终必无成,即古人亦皆然也。"可能他也没想到,自己竟说中了严复的一生。

郭嵩焘去世时,严复撰联称"平生蒙国士之知,惟公负独醒之累",其言沉痛,这恐怕不仅是在哀悼郭嵩焘,更是在哀悼自己。

齐白石为何说"人骂我我也骂人"

齐白石是现代画坛的一位传奇人物,他中年学画,在陈衡恪帮助下,其独特画风得到市场认可,遂能开宗立派,游离于行业而独存。

齐白石五十七岁才到北京,"北漂"了十五年后,才真正站稳脚跟,此后二十五年呈半隐居状态。齐白石实现了专业人最高的理想之一:靠专业生存,却不必在行业中混人脉,堪称潇洒。这也决定了,行中人对他的评价各有不同。

对于行业中的负面声音,齐白石有时会负气,有时又以玩笑视之。所谓"人骂我我也骂人",大概是二者的综合产物。

自文人画成正脉以来,中国画呈现出反写实、反匠气之路,士大夫为之,仅仅是为了浇胸中块垒,故以"画品"论人。"画品"是一个社会化评价,技艺只是基础,不混相应的圈子,外行人的"画品"很难被认可。幸有"三千年未遇之大变局",中国画也在革新中,齐白石这样技艺精湛的画师才有成功的可能,但在评价体系多元的时代,难免遭人非议。

从齐白石的成功之路可见,大师并不是能综合各家、让所有人认可的人,而是能不顾其他、充分表达自己的人。

长恨清湘不见余,是仙是怪是神狐。
有时亦作皮毛客,无奈同侪不肯呼。

这是著名画家齐白石写下的诗,以"皮毛客"自况,是齐白石常用的反讽,他曾刻一印,上镌"老夫亦在皮毛类"。其弟子启功说,此句出自石涛,相当于郑板桥刻"青藤(明代画家徐渭自号青藤居士)门下牛马走"印,自谦而已。

著名画家齐白石

在画坛,一般认为"皮毛"源自吴昌硕晚年所说"北方有人(指齐白石)学我皮毛,竟成大名"。吴昌硕是当时画坛领袖,对齐白石有提携之恩。学者胡佩衡先生说:"对他(指齐白石)影响最大的画友是陈师曾,使他最崇拜而没有见过面的画家是吴昌硕。"而吴昌硕恰好又是陈师曾的老师。

齐白石在诗中先后写过"此生误堕皮毛类""皮毛袭取即工夫"等,因吴昌硕的酷评常被人引用,以贬低齐的画艺。齐白石出身低微,他的画曾被讥为"匠画",致齐白石与主流画界长期不睦。

齐白石创作的《人骂我我也骂人》

1930年,齐白石甚至画了一幅名为《人骂我我也骂人》的画,以表达胸中愤懑,此时吴昌硕已去世三年。

遇到生平第一知己

1864年1月1日,齐白石生于湘潭晓霞峰的百步营,家中世代务农。四岁时,祖父齐万秉以指画于膝盖上教他识字,"一日或数十字,白石能不忘"。祖父总共只认三百多字,齐白石到七岁时已学完,祖父忧其无力从学,"每叹息"。

齐白石在村学只读了一年书,九岁时终日砍柴、放牛,十五岁时学木匠。

二十七岁时,齐白石拜在湘潭名士胡沁园(本名胡自倬,沁园是号)门下。

胡沁园是宋代理学家胡安国之后,胡安国是湖湘学派的开创者之一,主张经世致用,不重利禄,后代承其家风,多隐居田园,极少出仕。

胡沁园善画,以工笔著称。当时齐白石在他家做雕花活,每夜打油点灯习画,

齐白石的恩师胡沁园

乡人说:"我们请胡三爷(指胡沁园)画帐檐,往往等到一年半载,何不把竹布取回,请芝木匠(齐白石本名纯芝)画画?"因此引起胡沁园的注意。

在胡沁园建议下,齐白石转学诗画。胡沁园见齐白石识字少,特意让自己的家塾老师陈少蕃教他。齐白石后来的名字(齐璜)和号(白石山人)都是胡沁园替他取的,胡沁园还帮他进入文人圈。1895年,齐白石与胡沁园的外甥王训、胡沁园的侄子胡立三等组成"龙山诗社",号"龙山七子",齐白石被推为社长。

齐白石曾说:"他老人家(指胡沁园)不但是我的恩师,也可以说是我的生平第一知己。我今日略有成就,饮水思源,都出于他老人家的一手栽培。"胡沁园去世时,齐白石将自己的祭文、二十张画稿和十四首七言绝句焚化在灵前。

"诗仙"写的竟是"薛蟠体"

1899年,在"龙山诗社"诗友张登寿介绍下,齐白石结识了名儒王闿运。

王闿运曾入曾国藩幕,"举世仰为泰斗,诗文称天下第一"。齐白石将自己的诗、画、印赠给王闿运,王闿运在日记中记道:"看齐木匠字画刻印,又是一个寄禅。"寄禅即宋代名僧八指头陀。

让王闿运吃惊的是,齐白石初期不肯拜王闿运为师。王闿运曾说:"齐白石这个人真奇怪,高傲不像高傲,趋附不像趋附,简直莫名其所以然。"在反复暗示下，齐白石最终拜王闿运为师。王闿运门下另有铜匠曾招吉、铁匠张登寿，与齐白石并称"王门三匠"。

在"龙山诗社"，齐白石被称为"诗仙"，王训称赞他说："一诗既成，同辈皆惊，以为不可及。"可王闿运却毫不客气地说："文尚成章，诗则似薛蟠体。"

在王闿运刺激下，齐白石诗画精进，但乡邻却"看不起我是木匠出身，画是要我画了，却不要我题款"。

在王闿运引荐下，齐白石逐步融入文人圈。齐白石曾说"我诗第一、印第二、字第三、画第四"，并非故作怪论，当时诗艺最为重要，其他皆为阐释诗境而存。

齐白石受王闿运的影响巨大，1933年，在他出版的《白石诗草二集》中曾这样写袁世凯：

项城北上木森森，高冢荒凉秋色新。
公在民安浑不识，伤心祸始是何人。
英雄从古人难用，成败关天事莫论。
五载山河尘不动，无情草木亦知恩。

诗中想法显然来自王闿运，齐白石晚年绝口不提曾有此作。

吴昌硕赞他孤秀磊落

1917年,为避土匪之扰,齐白石来到北京,因画风独特,未受赏识,他说:"我的润格,一个扇面,定价银币两元,比同时一般画家的价码,便宜一半,尚且很少人来问津,生涯落寞得很。"但仅四个月,他在杨度处便存款一千一百元。

据学者侯开嘉考证,1918年,著名报人胡鄂公在琉璃厂看到齐白石的画,大为赞赏,购下六个条屏,齐白石与胡鄂公遂成好友。1920年,齐白石托胡鄂公到上海,请吴昌硕给自己订润格。

润格即作品报酬标准。前辈为后辈订润格,有权威认证之意。吴昌硕比齐白石大二十岁,时任西泠印社社长、上海书画学会会长,是画坛领袖。因二人无师承关系,齐白石不仅要交纳一定费用(胡鄂公出了这笔钱),且需赢得对方好感。

于是,齐白石写了一首诗:

青藤雪个远凡胎,缶老衰年别有才。
我欲九泉牛马走,三家门下转轮来。

吴昌硕号为老缶、缶道人。齐白石不仅将吴昌硕与徐渭、八大山人(号雪个)并称,且表示愿入三家门下。谦卑如此,吴昌硕果然为齐白石订了润格,并赞道:"其书画墨韵孤秀磊落,兼善篆刻,得秦汉遗意。"这一年，齐白石已五十八岁。

此后，在陈师曾建议下，齐白石开始"衰年变法"，始用"红花墨叶"画法，即以饱满的洋红直接泼写荷花，衬以浓墨叶和用焦墨写就的荷梗。此法本吴昌硕最早采用，齐白石亦不讳言："我们的笔路倒是有些相同的。"

据齐白石日记，他曾多次观摩、钻研吴昌硕的画，所以吴昌硕后来说"学我皮毛"。

《蜜蜂》杂志于1930年第一卷第十期刊发的吴昌硕先生遗照

他成了中国的"野兽派"

1922年，陈师曾带齐白石等人画作到日本参展，余绍宋评价道："看各家送往日本求售之画，最佳者为师曾、萧谦中；最恶者为林纾、齐璜。"可结果却是齐白石的九件作品全部卖掉，且"每幅就卖了一百元银币，山水画更贵，二尺长的纸，卖到二百五十元银币。这样的善价，在国内是想也不敢想的"。

吴昌硕也参加了此次画展，但反响平平。齐白石一鸣惊人，固然

有艺术水准高的因素,但也有不同文明间误读的成分。

须磨弥吉郎是当时日本大力推崇齐白石的收藏家,他称齐白石是"东方的塞尚",而韩国画家金永基则称齐白石"与现代西洋美术的野兽派表现方式向主观发展的倾向是一样的",美国学者乔纳森·海认为齐白石的画"暗喻"了现代中国的"共和"问题……这些褒扬实在有些离奇。

当时不少中国画家对此无法理解,中国画学研究会的会长周肇祥便对学生说:"千万不要学齐先生,他的画是骗人的。"俞剑华则说:"坏的简直不成东西,尤喜以鲜艳的洋红画花,以乌黑的墨汁画叶,太不调和,既无醇古的丰神,又无优美的趣味,倚老卖老,无怪受人指摘。"

黄苗子曾说:"(当时)北平画界的两个集团——'中国画学研究会'和'湖社'……总得依靠一个'画会'才能成名立身,否则在北平这个'文化城',是站不住的。"

可不论成名前还是成名后,齐白石都未能加入任何一个画会。

徐悲鸿都没要下来两百斤小米

成名后,因作品被认为有升值潜力,齐白石的画约不断,遂闭门谢客,只周日见外人。他写诗自嘲道:"铁栅三间屋,笔如农器忙。砚田牛未歇,落日照东厢。"

朝鲜学者韩雪野曾访齐白石,见齐家大门上贴有"白石死去"的字条以谢绝来客,画室桌子上放着"送礼物者不报答""减画价者不必再来""要介绍者莫要酬谢"等字条。

据学者张涛考证，1927年，林风眠邀齐白石到北平艺术专科学校任教，徐悲鸿接任林风眠的职位后，续聘齐白石，但当时学校动荡不已，徐悲鸿离校后，齐白石亦辞职。

1934年，齐白石又接受国立北平大学艺术学院聘书，教授中国画。此时他已七十岁，"年高力衰，上课时，总有两个女侍者扶持着寸步不离！艺院学生，见这位白发苍苍的老画家，被两位风韵犹存的少妇扶上讲堂来"，一时称为奇观，别的班的学生们都拥挤在窗外看齐白石的两妾，她们面不改色，被学生暗呼为"女英雄"。

抗战全面爆发后，齐白石辞去教职，体现出民族气节。

1946年8月，徐悲鸿再任艺专校长，齐白石再度受聘。北平和平解放后，齐白石因非专职教员，工资从一级降到八级，每月为八百二十五斤小米。校长徐悲鸿特意向文化部呈文，要求每月再加两百斤，并提出，齐白石可以每月交三尺条幅四件，却依然未被批准。

无可奈何，齐白石直接给上级领导写信，表示愿意将当年在老家购买的两百多亩田捐出来。齐白石的信获得积极反响。1950年4月，有关领导接见了齐白石，工资也涨到了一千斤小米。当年7月，齐白石被中央美术学院评为文艺标准特级，与徐悲鸿相同。

徐悲鸿对齐白石赞赏有加，给予大力支持，图为齐白石与徐悲鸿

名士 斯文风雅

是谁开除了张恨水

20世纪40年代,如果问一名普通的北京人,谁是最著名的作家,得到的回答很可能是张恨水,而非鲁迅。

受后来文学史写作的影响,张恨水被列为"通俗作家",鲁迅则是"严肃作家"。其实,张恨水也写过不少严肃题材的作品,他的很多主张与鲁迅相近。从思想史的角度看,张恨水的影响可能不如鲁迅,但文学史毕竟不是思想史。

现实是,读者既需要鲁迅那样深刻的作家,也需要张恨水这样能亲近大众的作家。给张恨水贴上"肤浅"的标签,与给鲁迅贴上"小众"的标签,同样无益。健康的阅读应同时包容二者,他们并不是有你没我、黑白判然的关系。

张恨水二十四岁来到北京,七十一岁在北京去世,虽自称"徽骆驼",但他的性格与写作中,有太多老北京文化的色彩。可以说,没有老北京文化,也就不会有张恨水。他一生的主要阶段都是在北京度过的,这座城市留下了他的幸福与忧伤、成功与挫折。

回望张恨水曾经的"北漂岁月",以及他在这座城市中的沉浮,对理解他的写作不无裨益。

前本报经理张恨水、代经理曹仲英前后解除职务,特此郑重声明。

1949年2月25日，《北平新民报》一版赫然刊出《本报职工会重要启事》，宣布报社人事重大变动。其实，张恨水并非被"解职"，两个多月前，他已主动辞职，以此结束了三十多年的报人生涯。

3月2日至4日，《北平新民报》在二版以《〈北平新民报〉在国特统治下被迫害的一页》为题，连续三天发表评论文章，其中《平社两位张二爷他们等于太上皇》《张温两国特奚落张恨水》《伪装中立的社论》《一个想投机的人总有一天会现眼》等文，称张恨水与国民党新闻官"狼狈为奸"，该文作者竟是《北平新民报》的总编王达仁。

张恨水女儿张明明说，此文给张恨水巨大刺激，加上其他一些原因（存款被骗走等），当年5月下旬，张恨水在家突发脑溢血，致左半身不遂。

王达仁与张恨水曾经同事，为何如此不留情面？其中原因，耐人寻味。

有钱赚宁可不上大学

张恨水本名张心远，祖籍安徽，1895年生于江西广信。父张钰是小官吏，祖父"生而魁梧有力，十四龄能挥百斤巨石"，"出入战场十余年，死而不死者无数"。

张恨水五岁时，六十四岁的祖父"一脚跷起而三尺，令恨水跨其上，颠簸作呼马声"。

张恨水初学农，本想去英国留学，但十七岁时父亲去世，只好辍

学。十八岁时在堂兄张东野帮助下，考入苏州的蒙藏垦殖学校，可该校不久后解散。

1914年，十九岁的张恨水到汉口投靠在报馆工作的本家叔伯张犀草，开始媒体生涯，笔名"恨水"。张恨水后来解释说，此名出自李后主的"自是人生长恨水长东"。但坊间传闻张恨水与冰心恋爱失败，故"恨水"。两说可能都不确。"恨水"一名见报时，冰心才十四岁。张恨水此前笔名为"愁花恨水生"，"恨水"应由此来，只是原笔名太情绪化（五字中嵌入"愁""恨""生"），略显做作，所以后来不太提它。

1914年12月，张恨水辞了报馆工作，跟着"文明剧团"流浪三年多，当编剧和演员，晚年他评价这段人生"简直是胡闹"。

1918年，在剧团好友郝耕仁介绍下，张恨水进了安徽芜湖的《皖江日报》当编辑，月薪八元，该报仅四名编辑。

五四运动时，张恨水想考北京大学，便当了行李，借十元钱到了北京，结识著名报人成舍我，入《益世报》（民国时期四大报之一，创办者为加入中国籍的比利时神父雷明远）当助理编辑，月薪三十元。张恨水四处兼职，月收入达两百元，便不再提上大学的事。

张恨水在写作中

成名后

1924年,成舍我创办《世界晚报》,请张恨水当编辑,张恨水首部有影响的长篇小说《春明外史》开始在该报副刊《夜光》上连载,不久后,张恨水成《夜光》主编。

《春明外史》引起巨大轰动,连载近五年,"我们亲眼见到每天下午报社门口挤着许多人,等着买报"。

1925年,成舍我又办《世界日报》,将副刊《明珠》也交给张恨水。在该刊上,张恨水又连载了《金粉世家》,一直持续五年多,该书被赞为"20世纪的《红楼梦》",张恨水也因此成了名作家。

不过,新文学作家们对张恨水不以为然,认为他属鸳鸯蝴蝶派。

当时鸳鸯蝴蝶派与新文学之间矛盾极深,为此惹来了许多批评。对于批评,张恨水从不回应,他曾说:"不反驳,不说话,并不是我怯懦,也不是我过分容忍……只要书在,书就会说话,它说的话,就是最好的答复!"

火腿炒饭变成了蛋炒饭

其实,鸳鸯蝴蝶派作家也认同白话文学,包天笑、秦瘦鸥、张恨水等也常在小说中批判现实,可依然被骂作"文丐""文娼"。

鸳鸯蝴蝶派作家在市场上确实更成功。

张恨水《春明外史》版权卖了四千元，《金粉世家》的稿酬也达四千元，此外上海世界书局沈知方又预签了张恨水的四部长篇小说（十万字以上，二十万字以内），要求三个月交一部，按千字八元结算，张恨水一年即可得六千四百元。

此外还有报纸给的稿费，张恨水四分之三的小说先在报纸上连载，曾同时给七家报社写长篇，打破了民国初年李涵秋同时给六家报社写长篇的纪录。

写得太多，确实降低了品质。据学者吴金淼统计，张恨水一生写了百余部长篇小说，其中二十四部没写完，此外常有一些荒唐的错误，如《似水流年》第二回，"（黄惜时）因向茶房要两盘火腿炒饭……只管向嘴里送，这一盘子蛋炒饭，早是送完了"。前面还是"火腿炒饭"，后面却成了"蛋炒饭"。

张恨水曾说："当时，我给《世界日报》写完《金粉世家》，给晚报写《斯人记》，给世界书局写《满江红》和《别有天地》，给沈阳《新民报》写《黄金时代》，整理《金粉世家》旧稿，分给《民报》转载。而朋友们的稿约，还是接踵不断，又把《黄金时代》改名为《似水流年》，让《旅行杂志》转载。"

张恨水正业是在报社当副刊编辑，除了写小说外，还要写杂文填版面，如此辛劳，难怪被人们称为"徽骆驼"。

不愿别人给自己祝寿

抗战全面爆发后,张恨水来到重庆,减少了小说创作量,因"一字未写,洋烛、油灯、茶叶、纸烟所消耗的资本已经是很可观了。从前写文章,绝没有人估计资本的,现在可不能不估计"。但每年仍超一百万字。

张恨水加入民营《新民报》,该报有"三张一赵"(张慧剑、张恨水、张友鸾和赵超构),夏衍、吴祖光、孙伏园、谢冰心、黄苗子、聂绀弩、浦熙修等也在此工作过。为留住张恨水,报社赠予他股份。

《新民报》与《新华日报》有合作,引起了国民党反动派的不满。报纸创始人之一陈铭德的小舅子邓友德任国民党新闻官,常打电话警告:"你们报纸办得很像《新华日报》了……难道不怕封门?"

为团结抗战,老舍、茅盾转而公开赞扬张恨水的小说,张恨水也写出《八十一梦》《魍魉世界》《巴山夜雨》等配合左翼。

张恨水小说更关注现实,有学习新文学的因素,且张恨水有三次婚姻,第一次是父母包办,第二次女方文化低,第三次娶的周南则是他"一生所爱",此后他的小说中爱情成分就少了。

1944年5月,"中华全国文艺界抗敌协会"计划给张恨水祝五十大寿(按虚岁计),这是继为郭沫若祝寿后的又一活动,但张恨水避寿而去,称:"我的朋友,不是忙人,就是穷人。对忙朋友,不应该分散他的时间;对穷朋友,不应当分散他的法币。"

差点被何炳棣打一顿

抗战胜利后,《新民报》在上海、重庆、北平、南京、成都均建分社,且在南京、重庆、成都每日出两刊(日刊和晚刊),称为"五社八刊",为民营报业龙头。张恨水任《北平新民报》总编后,报纸发行量从一万多增到四万多,在各社中排第一。

因被当局指为"通共",报社只好调整人事,张恨水改任经理兼主笔,总社派王达仁任总编。

王达仁与张恨水可能有冲突。张恨水中庸,当《明珠》编辑时曾约法三章,即:绝对不谈大问题,绝对不批评大人物,不研究高深的学问。张恨水说:"我们从前就犯这个毛病,蚍蜉撼树,要想——而实在不平的事也太多,管得了吗?"

王达仁毕业于清华大学,"一二·九"运动中是学生领袖,因口号问题(王达仁只喊"中华民族万岁",不喊"中华民国万岁",被认为是卖国),与后来成为著名学者的何炳棣发生冲突。何炳棣带学生包围了王达仁,要痛殴他,王达仁全身而退,何炳棣却被清华大学给了个记

1945年9月,王达仁(右)与吴宓(中)、高承志(左)合影

大过处分。

1948年7月8日，当局下令封了《新民报》，各地子报亦纷纷被封，张恨水不得不在《北平新民报》上写了一些有利国民党政权的社论。1948年底，张恨水辞去报社一切职务。

笔伐张恨水，王达仁可能也是无可奈何。1952年，《北平新民报》经营不善，被北京市政府收购，并入《北京日报》。

曾每天吃窝窝头都感到紧张

"我是个推磨的驴子，每日总得工作，除了生病或旅行，我没有工作，就比不吃饭都难受。"离开报社后，张恨水很不适应。

中风后，张恨水恢复较快，据1957年12月文联（中国文学艺术界联合会）干部沈慧访问张恨水档案可见，张恨水刚写完六十多万字的《翠翠》，并以每月六万字的速度在《上海新闻报》上连载《记者外传》，预计稿费收入七千五百元，所以张恨水辞了文化部每月补助的一百五十元。

可到1959年1月，沈慧再去访问张恨水时，他抱怨说："现在的稿费太低，一千字只给四五元……"

1961年1月，张恨水向沈慧抱怨说："北京有个天桥自由市场，一只鸡要卖几十元，这真是骇人听闻，我看没人吃得起，至少我是吃不起。"正值三年困难时期末，张恨水"仍要负担八个人的生活费，每天吃窝窝头都感到紧张"。

1964年6月,张恨水七十大寿,对沈慧说:"像郭(沫若)老和其他老前辈,岁数都比我大,但都是生龙活虎一般,我很羡慕。当然,他们的条件比我好,另外,也是他们的革命意志比我坚强。"

1967年2月15日,张恨水因病去世。他的去世可能与得知老舍去世消息有关。在重庆时,老舍曾称赞说:"恨水兄就是重气节,最富正义感,最爱惜羽毛的人。所以,我称他为真正的文人。"

辜鸿铭是首获诺贝尔文学奖提名的中国作家吗

1915年,辜鸿铭来到北京,在北京大学担任教授,时年已五十八岁。他后来不断漂泊,但始终以京城为家,直到七十二岁时在京去世。

辜鸿铭在北京生活的时间不长,也未真正融入北京文化。比如他好吹牛,有的谎言较肤浅,很容易被揭破,他却信誓旦旦,这其实是商业文化滋养下形成的性格——商家总要做广告,而广告难免会有夸大的成分,操作者自己并不完全当真。

辜鸿铭被后代炒作为传奇式人物。一方面,他不修边幅,且是少数能得到西方认可的中国作家,他的表面与他的影响力之间落差过大;另一方面,生活需要传说,这样人们才能忍受它的枯燥,所以怪诞、荒唐常被视为潇洒,优先受到重视。

后人读史,往往会被辜鸿铭的大言所愚弄,其实他也是红尘中人,也要面对人间烟火,在他夸张的外表下,不乏世俗经营之心。

随着相关档案开放,今人已能确信,辜鸿铭从未被诺贝尔文学奖提名,至于曾经获奖,更是子虚乌有。辜鸿铭说自己有十几个博士头衔,还是瓦德西老师之类,都有游戏人间的成分。虽不值得提倡,但亦能被老北京文化所接纳、所容忍,这可能是辜鸿铭更愿意在北京度过晚年的一个原因吧。

> 夫太氏①，亡国之遗民耳！然其声誉所被，则凡有井水饮处，几尽闻之，岂非以其人格之伟大耶？因念此屹然今存于东亚大陆之文明古国，岂遂无一人焉，足与太氏相埒者？忽忆曾与太氏同得荣奖②之辜鸿铭先生，其声望之远被四裔，殆不亚于太氏，盖太氏以诗著，而辜先生则不徒以诗文名也。

1924年5月9日《清华周刊》第三百一十三期上，发表该刊总编梁朝威撰写的《与"中国的太谷尔"谈话记》，全文近三千字，引文为第三自然段。

梁朝威是广东开平人，当时在清华学堂就读，后赴美留学，获政治学博士，归国后在中央大学、中山大学、中央军校第四分校等处任教，1948年当选"立法委员"，1975年病逝于台北。

泰戈尔访华时，辜鸿铭（前右）曾参与接待

在文中，梁朝威竟称辜鸿铭与泰戈尔同获诺贝尔文学奖，这可能是"辜鸿铭是首获诺贝尔文学奖提名的中国作家"误说之始。

事实上，国人中首获提名的是胡适（1939年），辜鸿铭从未获得提名。关于这

---

① 指印度诗人泰戈尔。
② 原文夹注 NobelPrice，即诺贝尔奖。

位"怪杰",不实传言甚多,一方面来自坊间演绎,另一方面,辜亦有故意操纵之嫌。

谁也说不好他生在何时

辜鸿铭,名汤生,以字行。生年至今是谜,有1854年、1856年、1857年三种说法(具体出生日期争议更多)。

曾在辜家学习六七年的兆文均在《辜鸿铭先生对我讲述的往事》中记:"我(辜鸿铭)十四岁那年,父亲的一位会说中国话的老友——这是个大商人,带我到德国去留学。"据此推断,1857年说较合理,但该文多处内容荒诞。

据学者程巍发现的英文文献,1821年,吉打王(马来半岛早期王国之一)因暹罗入侵,流亡槟榔屿,此地归英国东印度公司。为防暹罗进占,公司派英国人克劳福德带兵据守,苦于语言不通,求助于当地的种植园主、英国人大卫·布朗。

在日记中,克劳福德写道:"他(指布朗)给我们引见了一位名叫Che-wan的年老的槟榔屿中国居民,他是少数还在世的本岛最早居民之一。Che-wan二十三岁时离开了他的故乡福建省,从此就未曾回去过。"

这个Che-wan,就是辜鸿铭的曾祖父辜礼欢,克劳福德说他"活跃、健谈、敏感,在细节上有欧洲人的那种精确和判断力"。

槟榔屿土层薄,虽鸟粪丰富,却难用来施肥。1839年,辜鸿铭的

父亲辜紫云向大卫·布朗的儿子福布斯·司各特·布朗推荐新法,"结果令人振奋",他因此当上种植园的"中国经理"。

传说辜鸿铭的母亲为"英妇"或"葡萄牙女人",尚无史料证明。

1867年,辜紫云死于当地华人帮会骚乱,福布斯·司各特·布朗成了辜鸿铭的养父,他就是带辜鸿铭去欧洲的那位"大商人"。

十三个博士头衔没一个是真的

1877年4月,二十一岁的辜鸿铭获爱丁堡大学文学硕士学位,后来到德国、法国游学,在莱比锡大学获得了土木工程文凭。

据说辜鸿铭会九国语言,得了十三个博士头衔。据英国作家毛姆的《辜鸿铭访问记》,辜鸿铭自称在柏林曾获哲学博士。从现有材料看,辜鸿铭并非博士。

二十四岁时,辜鸿铭返回南洋,在英国殖民政府中任职。1881年,著名外交家、学者马建忠过新加坡,与辜鸿铭畅谈三日,辜鸿铭思想从此转变,他辞去职务,专心钻研中国传统。后到香港,被杨汝澍发现,并经赵凤昌推荐(二人都是张之洞的幕僚,赵凤昌是清末著名政治家,被称为"民国产婆"),正式加入张之洞的幕中,为张之洞服务了二十多年。

"张幕"人才济济,辜鸿铭仅充任"洋文案",负责翻译,他似有压抑之感,他曾说:"张文襄(即张之洞)学问有余而聪明不足,故其病在傲……其门下幕僚多伪君子。"

辜鸿铭自撰的《张文襄幕府纪闻》中称，慈禧太后大寿时，张之洞各衙署"悬灯结彩，铺张扬厉，费资巨万"。庆祝宴席上，某官员让辜鸿铭写诗庆贺，辜鸿铭当众回应四句："天子万年，百姓化钱；万寿无疆，百姓遭殃。"

此段未必属实。因1900年时，辜鸿铭还用英语撰文称赞慈禧太后："她的统治是多么机智，心胸是多么宽广，用人行政又是多么精明和老练啊！"

1903年时，清廷曾想调辜鸿铭到京师大学堂任副总教习，1904年，在宣传反清革命的《国民日日报》第二期上，有专文批评辜鸿铭"今则媚太后以欺弄天下也"。

瓦德西怎么成了他学生

1900年，八国联军攻占北京，慈禧太后远遁西安。辜鸿铭对兆文均说，自己是"东南互保"的首倡者（其实辜只参加了张之洞与英国驻汉口总领事法磊斯的一次会谈而已），且参与了在北京的谈判。

据兆文均记，离武昌赴京谈判前，张之洞问辜鸿铭是否有把握，辜鸿铭昂然道："真理在握，正义在我，何惧鬼子横行。"

辜鸿铭称，在法国游学时，曾住在巴黎某名妓家，有个德国小贩每天替名妓跑腿，此人是文盲，但很有志气。应名妓要求，辜鸿铭教这个流浪儿学德文，后者还向他下跪叩首行拜师礼，没想到这个叫瓦德西的人竟当上联军统帅。

辜鸿铭编得最不靠谱的谎言,是称瓦德西是他的学生,辜鸿铭还添油加醋,编出了一段精彩的师徒相遇的故事,图为瓦德西

在谈判中,瓦德西态度最嚣张,辜鸿铭便让庆亲王设私宴。宴席上,瓦德西依然撒野,躲在屏风后的辜鸿铭跃出,指责说:"瓦德西,你太无礼!你没资格代表你们光荣的恺撒。我马上给德皇陛下去电报。"

瓦德西吓了一跳,被辜鸿铭狠狠地教训了一番,当场表示"整饬联军纪律"。如果不是李鸿章临时背叛计划,清廷赔款至少可按辜鸿铭的方案,减少两亿两。

梁漱溟先生看了这段"记录",写了五百余字"读后记",说:"久仰辜先生通习欧洲古今多国文字,但我却未料想在光绪庚子年八国联军进入北京时,他竟参与了中外当局折冲交涉,为国家贡献非小。"

著名历史学家朱维铮先生揭破了其中谎言:瓦德西比辜鸿铭年长二十五岁,辜鸿铭在法国读书时,四十五岁的瓦德西正担任德国驻法大使。

听起来像妙计却无实效

据学者李玉刚研究，1900年7月下旬，"东南互保"达成后，风传英军企图出兵长江流域，辜鸿铭建议张之洞向英国首相索尔兹伯里提出借款五十五万两白银，名义是阻止义和团南下。如英国拒绝，则"东南互保"诚意堪疑，如英国同意，则再出兵，这笔借款可能血本无归。

英国内阁意见不一，但索尔兹伯里最终还是同意了。英国学者杨国伦评论说，这是张之洞"冷酷的算计"，"除了损害占领计划外，英国别无选择"。但英国借了钱，其军舰依然在上海登陆，辜鸿铭抱怨说："我总以为长江流域的和平是值五十万两的，何况是这样的一笔借款呢？"

庚子事变期间，辜鸿铭在英文《日本邮报》上发表了系列文章，在西方产生较大反响，对和谈有一定贡献。

在《张文襄幕府纪闻》中，辜鸿铭称他曾与伊藤博文对话，伊藤说："久闻阁下精通西洋之学，难道还不知道，孔子的学说能够施行于数千年

辜鸿铭自称，他还曾将伊藤博文驳得哑口无言，图为伊藤博文

之前，却不能施行于当今的20世纪么？"辜鸿铭回应道："数千年前的法则是三三得九，到了今天20世纪，其法则仍然是三三得九。"伊藤无言。

此事或为虚构，因辜鸿铭又虚拟了一个"予"，批评"辜部郎"（辜鸿铭后被任命为外务部员外郎，但伊藤访华时他还不是）说："阁下至今尚不明白，20世纪的数学已经改良了么？此前固然是三三得九，今天就不是这样了。比如说，我国向洋人借款，已经由三三得九变成了三三得七；等到我国还洋款时，又由三三得九变成了三三得十一。"

谁在背后捅了辜鸿铭一刀

辛亥革命后，辜鸿铭因将《论语》《中庸》等译成英文，以及《中国人的精神》等专著出版，轰动西方。

德国因"一战"失败，社会陷入迷茫中。辜鸿铭称敌人不是德国人，而是整个西方文明，因为它太强调物质，需要注重精神的中国文明拯救。这些观点深受追捧，直至20世纪30年代，德国院校的哲学系仍将辜鸿铭的书列为必读。

1915年，辜鸿铭入北大英文门任教授，早于蔡元培。

1919年，英文门学生罗家伦上书校长蒋梦麟和教务长马寅初，抨击辜鸿铭，理由是"每次上课，教不到十分钟的书，甚至于一分钟不教，总是鼓吹'君师主义'"，"上课一年，所教的诗只有六首另十几行","对英诗的精神,一点不说,而且说不出来"。

辜鸿铭讲课真的如此糟糕吗?

据学者邱志红钩沉,当时的北大学生刘元功认为:"辜的言行、装束,当时人常引以为笑谈,但北大学生对他所教的英国诗是很满意的。"

学生李季也说:"辫子先生(指辜鸿铭)对于我既有一种特别好感,便叫我于每个星期日到他的家里去集谈……除谈话外,常命我们将一段中文译成英文,并立时加以改正。行之既久,获益颇多。"

罗家伦是胡适的入室弟子,在意见书中,罗家伦建议胡适代辜鸿铭的课。辜鸿铭出局后,接替者果然是胡适。面对传统文化,辜鸿铭与胡适意见尖锐对立,有学者认为,辜鸿铭出局可能有暗箱操作。

著名报人张友鸾说,辜鸿铭与罗家伦互相反感,所以辜鸿铭上课时"十回有八回叫着罗家伦的名字,要他回答",而罗家伦对英诗课毫无兴趣。

他的一生其实并不潇洒痛快

辜鸿铭离开北大后,据朱维铮先生说:"(辜鸿铭)如何谋生,也不清楚,只知道他晚年很贫困,曾应邀去日本和日本占领的台湾讲学两三年,回国后曾同意出任山东大学校长,但没就职便在北京染时疫死了,终年七十二岁。"

1934年,上海《人间世》杂志突然推出纪念辜鸿铭特辑(此时辜鸿铭已去世六年)。该杂志的操作者是林语堂。林辜二人是福建同乡,成长经历相近,都致力于用英文写中国传统的畅销书。林语堂视辜鸿铭为偶像,但《人间世》偏娱乐,将许多未经证实的传闻收入其中。

辜鸿铭最受非议的,莫过于蓄辫,这成为他保守的象征。

胡适在《记辜鸿铭》中写道:"辜鸿铭当初是最先剪辫子的人……后来人家谈革命了,他忽然把辫子留起来,辛亥革命时,他的辫子还没有养全,他带着假发接的辫子,坐着马车乱跑,很出风头。这种心理很可研究,当初他是'立异以为高',如今竟是'久假而不归'了。"

辜鸿铭读后,纠正胡适说,他在英国时,一名外国女孩赞他头发好,他就许诺说:"你要肯赏收,我就把辫子剪下来给你。"对方一笑,辜鸿铭认为是答应,便把辫子剪了。后来张之洞说,中国人必须蓄辫,辜鸿铭便一生坚守下来。

辜鸿铭喜发怪论,他留学时颇受屈辱,对西方文明产生拒斥态度,此外他性格中确有好出风头、乖张极端的一面,结果被大家联手搞成娱乐人物。

德龄，辜鸿铭炒作出来的"公主"

德龄是一个有趣的人物。

在海外，德龄至今仍有影响力，通过互联网，很容易得到关于她的各种英文资讯，但其中确凿的内容不多。比如，她是否离婚了，她先生的情况如何，她的后代如何生活……均较模糊。

在中文世界中，德龄留下了大量虚假信息。她自称是公主，是慈禧太后身前的一等女官，还曾参与戊戌变法。只要了解相关背景，会发现这些都是不折不扣的谎言。但她又确实掌握一些一手史料，特别是她的哥哥裕勋龄曾为慈禧太后拍过许多照片，它们大多首发在德龄的书中，这就为德龄的写作提供了背书。

其实，德龄自己称自己为小说家，在她留下的"历史写作"中，均掺入较多想象成分，说"知一言十"亦不为过。

清末民初，因社会动荡，个体为了生存，也为了虚荣（在当时，这对生存有直接帮助），说谎在所难免。这从一个侧面也呈现出，那时尚未形成真正意义上的现代社会，辨伪机制不成熟，人们抱着半真实半激情的心态参与社会，谎言满足了他们消费浪漫、消费传奇的需要。

深入了解德龄，能更好地去理解老北京的社会形态。

《清宫二年记》作者德龄郡主日前抵平（指北京），拒见新闻记者，其后有劝其勿过于固执，恐招舆论界恶感，遂复接见。惟会谈中

大骂上海之报纸,谓记载失实,无中生有,甚至谓其欲与丈夫离婚。言下犹有余怒,并谓将请当局对此事有所举动云。

1935年《娱乐》杂志第一卷第十五期上,《德龄郡主大骂上海报纸》一文披露了以上内容。

德龄是我国第一代旅美女作家,先后用英文出版《清末政局回忆录》《御苑兰馨记》《瀛台泣血记》《御香缥缈录》等著作。1915年,德龄随丈夫移居美国,1927年回国探亲,并在上海卡尔登剧场上演的《西太后》(编剧即德龄)中登台演过慈禧太后(据广告称,连演三天)。1935年9月是德龄第二次回国探亲。

查同期上海媒体,《中华》第三十八期刊有黄寄萍撰写的《德龄郡主谈话后的印象》一文(德龄震怒,可能不只针对这一篇稿),其中颇有舛误,如称德龄的父亲为德裕(应为裕庚)、德龄生在天津(实为湖北荆州)。在五分钟的采访中,黄寄萍问德龄到北平后,是

1900年,清政府驻法公使裕庚的两位女儿——德龄与容龄,二人关系不太好

否会住在妹妹容龄处,德龄回答:"我绝不住在伊(她)家里,我也不想和伊见面。"作者特别注明:"(德龄)说时有怒意,姊妹俩不知有何误会。"

德龄与容龄曾同在慈禧太后处任女官,为何竟成陌路?其实对比二人著作(容龄写过《清宫琐记》),就能发现她们风格大不相同。

老爸娶了路易莎·皮尔森

1881年6月6日,德龄生于湖北荆州,是家中的第三个孩子。父亲是裕庚,母亲是在华美国人与妓女生下的混血儿,名为路易莎·皮尔森(Luisa Pierson)。

裕庚品级不高,《清史稿》中不载其履历。1904年官报,称:"上谕太仆寺卿裕庚奏因病恳请就医一折,裕庚著赏假六个月,勿用开缺。"太仆寺卿是从三品。1905年,裕庚便去世了。

有关裕庚唯一材料来自署名梁溪坐观老人所著《清代野记》,作者真名不详,书中内容真伪难辨,其中称:"裕庚,字朗西。本姓徐,为汉军正白旗人。"

汉军旗冒充满人不罕见,可奇怪的

裕庚只是荣誉三品官,他的女儿根本不可能得到郡主头衔

是，德龄后来在书中坚称自己是满族人，并以此为荣。德龄按满人习俗，指父名第一字为姓，写为裕德龄（秦瘦鸥先生说从未见过德龄自署名裕德龄，而德龄的妹妹容龄常署名裕容龄，所以他不确定德龄是否姓裕）。

裕庚少年聪颖，可他父亲认为："是儿聪颖自恃，不受范围，愈贵显愈不能保令名，吾料其必堕家声，非福也。"

裕庚十二岁入国子监读书，得到胜保（清末将领，因屡败被戏称为"败保"，第二次鸦片战争时，是通州八里桥阻击英法联军的主将之一，惨败）赏识，但裕庚始终未通过乡试，只好辗转于胜保、英翰、李鸿章、刘铭传等人幕中，后刘铭传以军功保举，得入仕途。

1895年，裕庚被任命为驻日全权大臣，三年后，又任驻法大臣。

裕庚突然发达，其同事郑孝胥在日记中写道："（裕庚）其妻死，纳都下妓鬼子六为妾，鬼子六者，其父西人，流落死于上海，母乃粤妓，携六至都，名躁甚，裕娶之。鬼子六能为英语，以故名藉甚。"

"女官"就是个虚衔

路易莎·皮尔森带着勋龄（中美混血儿）嫁给裕庚，有学者认为，德龄也是带来的。从照片看，德龄与妹妹容龄（排行老五）体型不同，黄寄萍称德龄"肌肉很丰满"，而容龄却较瘦弱。

裕庚在海外任职六年，孩子（除老大奎龄早逝外）均深受西方教育影响。

据德龄后来说:"我的父亲想去变革,甚至在我只有四岁或五岁的时候,我就听到他谈论的变革话题。他首先让我们学习的就是英语……所有的朋友都反对他这样做,说他太激进,(他)希望他的孩子接受外国教育是想把国家出卖给外国人。"

在巴黎,德龄和容龄曾跟随现代舞大师邓肯习舞。

1902年冬,裕庚任满回国,经庆亲王奕劻的儿子载振推荐,德龄与容龄到颐和园任慈禧太后的"女官"(二人始终未进过故宫)。庆亲王奕劻为人贪鄙,与权臣那桐联手卖官,时人嘲为"庆那公司",他是裕庚的后台。

所谓"女官",其实就是翻译,并非正式职位。著名学者朱家溍先生说:"不过是顺口一说而已。这个期间和德龄、容龄同时在宫中伺候太后的人,还有庆

德龄(前左)与慈禧太后合影

图片最左方的是路易莎·皮尔森,是裕庚的夫人

王府的四格格、元大奶奶等,都既无编制,也无名分……不过是陪太后解闷的,也没有经过奏准派充。"

1905年,因父亲在上海病重,德龄和容龄离开慈禧太后。德龄后来在书中说,她无意中听到慈禧太后想将她嫁入豪门,所以决定离开。到上海后,德龄嫁给了美国驻沪副领事怀特。怀特不久后卸任,在上海当了一段时间的新闻记者。

辜鸿铭和巴恪思较上劲

在《清代野记》中,对德龄、容龄出宫提出了另一种说法:"会有外国女画师者,慈禧(太后)命其绘油像甚肖,将酬以资。画师以其为太后也,不索值。而二女(德龄和容龄)竟中饱八万金。未几为慈禧(太后)所闻,逐之出宫。"

此处指美国画家凯瑟琳·卡尔女士给慈禧太后绘画事,德龄和容龄充任翻译。据卡尔回忆,慈禧太后不耐久坐,所以大多数时间,由德龄穿上慈禧太后的服装顶替,画脸时才换成慈禧太后。

1908年11月,慈禧太后去世。1911年,德龄出版了她的第一本书《清宫二年记》,在她所有作品中,该书史料价值最高。

令人惊讶的是,桀骜不驯的辜鸿铭肯提笔为德龄炒作。

在英文报纸《国际评论》上,辜鸿铭写道:"这本由一位新式的满族现代妇女所著的书出版了。它给予了我们有关满族宫廷以及满族上层社会的第一手资料,读来十分有趣,也很有意义。"

辜鸿铭曾为张之洞幕宾，与裕庚共事过五六年。此外，1910年时，巴恪思、濮兰德推出了《太后秘史》，引起巨大轰动，让辜鸿铭深感不满。

巴恪思是一位怪人，来自英国，却能说地道的北京话，且通满文、蒙文、日文、俄文等，平日只与中国人往来，自称是慈禧太后的情人。他的书内容荒诞、惊悚，但揭出许多秘闻，且文笔华丽，一时被西方人视为信史。

辜鸿铭说："人们一般都认为，濮兰德和白克好司（即巴恪思）两先生的那部书，是划时代的力作。可依我看来，倒是德龄女士这部不讲究文学修饰、朴实无华的著作，在给予世人有关满人的真实情况方面要远胜于其他任何一部名著。"

自己封自己为郡主

事实上，《清宫二年记》中可疑处甚多，深负辜鸿铭信任，比如称裕庚为公爵。

曾国藩、左宗棠这些一品大员、中兴名臣才混个侯爵，从三品官裕庚却成了公爵，实在匪夷所思。曾任清室记名御史的夏仁虎指出："德菱（即德龄）思嫁一美国富商，美人最欣慕他国之贵族有爵者，德菱特著此书动其仰慕，故自称其父为公爵，而以上云云，特以自抬声价而已。"

然而，德龄不仅没有收敛，反而更大胆，在此后著作的封面上，

竟署名为"德龄公主"。

清代只有皇帝之女才能被封为公主,亲王之女才能被封为郡主,德龄的父亲裕庚非宗室,她连格格都算不上。

在一片质疑声中,德龄改称自己是郡主,因英语没郡主这个词,被误译成公主。

在《紫禁城的黄昏——德龄公主回忆录》一书中,德龄收入慈禧太后写的一幅寿字,边款为"郡主衔一等女官德龄"和"光绪三十年十月初八日",后者是慈禧太后七十大寿(实为六十九岁,因不过满寿,提前一年操办)之日。

德龄称:慈禧对她的工作很满意,故在大寿时,一高兴赐予她郡主衔。

事实上,清宫并无过生日赐寿字习俗,倒是每年除夕时,皇帝或太后会按惯例写寿字、福字等赐予亲贵、随从。德龄很可能是将慈禧太后的节日赐字伪造上边款,以瞒天过海。

因在整个清代,汉军旗人只有一人曾被赐予郡主头衔,即开国功臣孔有德战死后,他的女儿获此殊荣,

到美国后,德龄常打扮成清朝郡主,引起美国读者的好奇心

不久后又被收回，所以为了保住自己的郡主头衔，德龄说自己是满族人。

但清廷赐郡主头衔必有记录，到目前为止，未见德龄的名字。

四弟混成了"衣冠败类"

德龄在接受采访时曾说："我和我母亲做了许多事情。我们真的敢去劝说皇太后，让她信服我们的变革观点……我们的一个特别'好'的朋友那桐，告诉每一个人说我的母亲是一个女'康有为'。"

德龄一家的影响力恐怕远没这么夸张。

1909年官报中，有"奏试用道馨龄声名恶劣，请革职永不叙用片"，称馨龄"实属衣冠败类"。馨龄是德龄的四弟，弹劾他的是清末名臣端方。馨龄的试用道资格是花钱捐来的，打他可能是为了打庆亲王。宣统皇帝批道："著照所请。"并没给德龄虚构的"贵族之家"面子。

勋龄也花钱买了个候补道，亦遭排斥。他在法国时学过摄影，曾给慈禧太后拍过照片，这些照片后来作为德龄著作的插图出版，引起巨大轰动。

1902年，勋龄在法国娶了法国女子吉芙妮·戴拿，但回国后，他将夫人锁在家中，不许出门，后戴拿与勋龄离婚，带着孩子离开中国。

1912年,容龄嫁给了军事教育家唐宝潮。

德龄到美国后,生活状况如何,资料甚少。她对黄寄萍说:"除写小说及各报特约写稿外,播音演讲的工作,也做得不少。"据说每年从5月到10月,要播音六七十次。

德龄先生怀特的资料极少,两人在1912年生了一个孩子,名为达撒迪厄斯·雷蒙德·怀特,毕业于西点军校,但二十岁时因急性肺炎逝于曼哈顿。

德龄是否离婚,众说纷纭。她第二次回国时,以"怀特夫人"的名义在酒店订房。

姐妹二人未能在人间和解

秦瘦鸥(也是鸳鸯蝴蝶派著名小说家,代表作为《秋海棠》)在翻译德龄《御香缥缈录》时,曾辗转联系到勋龄和容龄,他抱怨道:"说得更正确一些,我只是尽其所能,帮助德龄圆谎而已,甚至反而加强了这本书的欺骗性,使读者越发真假莫辨。"容龄也表示德龄捏造得太离谱了。

朱家溍先生认为:"《清宫二年记》和容龄所著《清宫琐记》……还可以作为回忆录来看待。不过错误也不少……但还未发现凭空创造的事情。"而《瀛台泣血记》《御香缥缈录》等则完全是小说。

德龄第二次回国时,秦瘦鸥曾登门拜访,发现德龄已是西洋化的半老妇人，见人尽可能不讲中国话。送她离开时，秦瘦鸥建议她以后著作多介绍中国的新事物，德龄眼眶含着热泪。

秦瘦鸥说："她胞妹容龄要比她朴实得多，从来没有自己乱吹过。"据德龄称，慈禧太后曾将容龄封为山寿郡主。

抗战全面爆发后，德龄在美国各地多次参加"中国之夜"及"一碗饭运动"等，支持抗战。

德龄与容龄关系似未缓和，据一位曾探访过晚年容龄的人回忆，谈到德龄时，容龄只是冷冷地说：她早就不在了。

1944年11月，德龄在加拿大死于车祸，终年六十三岁。有媒体以《德龄公主撞车身死》为题报道，依然给她戴上"公主"的光环。

1949年后，容龄任中央文史研究馆馆员，1973年1月病故，终年八十四岁。

梁实秋，一辈子都在骂战

梁实秋先生祖籍杭州，但他出生在北京，并在北京生活了多年。梁实秋曾几度离京，不久又回来，可1948年离开后，竟成永别。

梁实秋早年崇拜浪漫主义，不太关注老北京文化，但离乡后，他却写了许多回忆老北京的文章。在他的文字中，"京味儿"色彩远不如老舍，但其中的精神气质，却是彻彻底底的老北京风格——自尊，平实，散淡，从容不迫，偶尔还带有几分优越感。

梁实秋的老北京风格也有负面作用，即有时显得苛刻、犀利。梁实秋一生都在笔战，读他写下的相关文字，水平远不如他散文那么优美，如何将两种不同的性格组装在一起，令人玩味、令人好奇。值得一提的是，不论是金刚怒目，还是温文尔雅，都有戆直的成分在，诚恳却不太灵活。

人是离不开自己的文化背景的，离开后，反而会与它贴得更紧，梁实秋的创作即为明证。

梁实秋在北京的故居仍在，位于内务部街39号（曾挂20号门牌），梁实秋在那里生活了二十多年。

"你是一个到处发难的人，只要你一开口，下文的热闹是不成问题的。"这是徐志摩对梁实秋的评价。

提起梁实秋，人们马上会想到他和鲁迅之间长达八年的"笔战"，但那只是梁实秋一生"辩驳问难"中的一部分。梁实秋和胡适、郭沫若、林语堂、郑振铎等都曾公开争论，甚至憨厚如老舍，亦曾撰文批评梁实秋"或因一时逞才，蔑视一切，暂忘团结之重要，独蹈文人相轻之陋习"。

20世纪30年代，左翼作家集体炮轰新月派文艺理论，其实只针对梁实秋一人。梁实秋曾说："我是独力作战，'新月'的朋友并没有一个人挺身出来支持我。"

回看梁实秋一生创作，精品寥寥，给人吵架太多、影响创作之感，然而，也正因吵架负气，才将梁实秋逼上翻译《莎士比亚全集》之路。1970年，梁实秋独力完成此文化工程，成为中国第一人（此前朱生豪曾翻译莎士比亚全集，但未完成），使他跨入大师行列。

成也骂战，败也骂战，写照了梁实秋的一生。

挨了胡适一闷棍

梁实秋本名梁治华，1903年生于北京，祖籍浙江杭州。1915年考入清华学校，1920年12月，梁实秋与同学组织"小说研究社"，引起年长一级的闻一多关注。1921年11月20日，朱湘、孙大雨、饶孟侃等也加入进来，更名为"清华文学社"，闻一多任书记，梁实秋为干事。

在给顾毓琇的信中，闻一多写道："得与诗人梁实秋缔交，真喜出望外。"

少年时期的梁实秋与父亲梁咸熙

当时诗坛,胡适、俞平伯、康白情等有很高的威望,而梁实秋写了《冬夜评》,对俞平伯诗集《冬夜》中"被窝暖暖的、人儿远远的"等痛加嘲骂,文章投给《晨报副刊》,孙伏园置之不理,梁实秋便将相关评论结集出版(书名为《〈冬夜〉〈草儿〉评论》,由他的父亲花钱印成)。

很快,郑振铎撰文批评说"只看他们的主张,已很可以使人骇异了",胡适亦加入进来,并在文末署以"哈",充作笔名。这一"哈",让梁实秋"这口闷气至今抑在心里"、"每一想起来,辄愤迫得战栗",乃至"只希望我们黄胄之裔少出几个'哈'先生"。

然而,梁实秋却从未公开反击,反而认为这位"哈"先生"绝不会是胡先生(胡适),胡先生是行不更名坐不改姓的"。

成了"绩溪女婿"

不久,梁实秋通过同学吴景超结识了胡适。

吴景超是安徽歙县人,与胡适算同乡,当时吴景超与梁实秋共同主编《清华周刊》。1923年2月,梁启超在此刊上发表《国学入门书目及其读法》,胡适不以为然,梁实秋遂请胡适亦开列一份国学入门书目,引来一场风波,这使胡适对梁实秋产生深刻印象。

1923年,梁实秋赴美留学,1926年7月归国,加入新月派。1927年初梁实秋与程季淑结婚,程季淑原籍安徽绩溪,故胡适称梁实秋为"绩溪女婿"。

回国后,梁实秋先在南京的东南大学任教,适逢北伐战争爆发,梁实秋躲到上海避难,胡适便将他拉入中国公学,对他极为照顾。一次胡适请梁实秋、罗隆基、潘光旦到徽州馆吃饭,老板认识胡适,用方言对后厨大吼一声,大家都听不懂,胡适说:"他是在喊,'绩溪

1926年,梁实秋在美国纽约的哥伦比亚大学就读

1923年9月,清华全班六十七人在上海乘杰克逊总统号赴美,除清华同学外,还有燕京大学的学生谢婉莹(冰心)等。图为同学们在船上合影

老倌,多加油啊'。"绩溪穷,炒菜多放油是优待,梁实秋对这顿饭记忆深刻,但认为缺点是油太大。

通过交往,梁实秋对胡适人格有了全新认识,他说:"胡先生从来不在人背后说人的坏话……相反的,人有一善,胡先生辄津津乐道,真是口角春风。"

被拉上了翻译之路

1930年,国立青岛大学成立,杨振声任校长。杨振声拉闻一多、梁实秋等前去任教,闻一多任文学院长兼中文系主任,梁实秋任外国文学系主任兼图书馆馆长。

在青岛初期,梁实秋记录说:"三日一小宴,五日一大宴,三十斤一坛的花雕搬到席前,罄之而后已……有一次胡适先生路过青岛,看到我们划拳豪饮,吓得把刻有'戒酒'二字的戒指戴上。"

胡适这次"路过"改变了梁实秋的命运,因胡适与美国为退还庚款成立的中华教育文化基金会关系密切,他力主投资翻译《莎士比亚全集》,预算高达五万元,计划五年内完工,许诺给译者最优稿酬。

胡适拟了一个计划，由闻一多任主任，徐志摩译《罗密欧与朱丽叶》，叶公超译《威尼斯商人》，陈源译《皆大欢喜》，闻一多译《哈姆雷特》，梁实秋译《马克白》（一名《麦克白斯》），但计划未实行，甚至连会都没再开。

一是徐志摩不久后遇难，二是叶公超想从政，闻一多、陈源太忙，只

为了让梁实秋译成《莎士比亚全集》，胡适给予巨大支持

有梁实秋坚持了下来，因他此前批评鲁迅"硬译"，鲁迅回应：你自己不译，还要指责别人。

胡适拉了梁实秋一把

在任国立青岛大学图书馆馆长期间，梁实秋曾令清除原藏数十册黄色书刊，却被讹传为焚毁鲁迅等左翼作家作品。

1932年，南京国民政府宣布解散该校，学校更名为国立山东大学。梁实秋处境尴尬，幸胡适伸出援手，拉他去北京大学，且任"研究教授"，此名目是胡适创意，收入较其他教授高四分之一，授课时间却少，北大另有"名誉教授"，是一种荣衔。某次入学考试阅卷时，有同事故意大声说："我这个教授是既不名誉亦不研究！"

在北大,一些学生对梁实秋用中文讲英国文学课不满,认为不如前任温源宁纯用英语,宣布罢课,梁实秋只好辞职,但胡适力挺梁实秋,称:"鼓动罢班者,一经查实,定行严惩。"帮他渡过难关。

到1936年,梁实秋已译出莎士比亚剧作八种,均陆续出版。

与郭沫若分道扬镳

抗战全面爆发后,梁实秋不得不中断翻译工作,在重庆,梁实秋负责编辑《中央日报》的副刊《平民》,却写了个奇怪的发刊词,称"不知文坛坐落何处,大将盟主是谁",向左翼作家挑衅。

在清华大学时,梁实秋极推崇郭沫若的诗,他的《〈冬夜〉〈草儿〉评论》遭各方围攻,却收到郭沫若来信,称"如在沉黑的夜里得见两颗明星,如在蒸热的炎天得饮两杯清水"。

闻一多一直想出版《红烛》,甚至准备为此借高利贷。1923年9月,在创造社的支持下,《红烛》正式出版,还给了闻一多八十元版税,闻一多说:"假如全国人都反对我,只要郭沫若赞成我,我就心满意足了。"

1922年7月,梁实秋专门去上海拜访创造社,虽对郁达夫生活颓废不满,却撰文帮着创造社打笔仗。1923年夏,梁实秋赴美留学,途经上海,见了郭沫若与成仿吾,当时梁实秋正患病,自称是甲状腺肿,郭沫若学过医,认为是巴西多氏症。到美国后,梁实秋依法施治,果然痊愈。

梁实秋回国后，文艺观剧变，就"普罗文学"与鲁迅争论不断，竟反复引用郭沫若的诗作为反证，毫不计昔日情谊，但郭沫若始终不回应。这是梁实秋在发刊词中出语轻佻的原因，因当时郭沫若也在重庆，肯定能看到这些文章，但郭沫若依然沉默。

对二人友谊的中断，梁实秋解释为"道不同不相谋"。

沈从文为何痛批梁实秋

梁实秋去台湾后，一直在大学任教，工作压力甚重，1959年查出患有糖尿病，辞去台湾师范大学文学院院长之职，重拾中断了二十二年的翻译莎士比亚作品的工作。

台湾天气热，梁实秋久坐致臀部长出疥疮，只好站着译，并幽默地说："靠屁股吃饭的人，屁股坏了，可怎么办啊？"

1967年，梁实秋翻译的《莎士比亚全集》出版，但这还只是戏剧全集，三年后，他又翻译出莎士比亚诗集三部。遗憾的是，推动莎译最力的胡适已去世八年。

1968年，台湾师范大学上演梁译《奥赛罗》，意外引起"警备司令部"的敏感，认为剧中有兵变情节，怕影响军心，最后只好修改剧本，把奥赛罗改成文职，不称将军，其副官亦改称秘书，这才得以通过。梁实秋称："莎氏有知，怕要气炸了肺。"

晚年梁实秋写了很多回忆昔日文友的随笔，仅忆老舍就有三篇，

胡适在台湾师范大学的一次座谈会上，左起：梁实秋，胡适

晚年梁实秋与夫人韩菁清

他回忆冰心的文章让冰心"十分感激，曾写一封信，托人从美国转给他，并恳切地请他回来看一看新中国的实在情况"。沈从文看到梁实秋的文章后，却说"最无聊文人梁实秋，还在西雅图写文章追悼我""为台湾宣传加盐加醋"，梁实秋并无恶意。

梁实秋与沈从文在国立青岛大学一起教过书，对这段历史，沈从文称"性格不同，极少往来""始终并不和他有什么友谊"。其实沈从文当年在《新月》上发的几篇稿，还是梁实秋负责编辑的，且沈从文的夫人还曾是梁实秋的部下。

第二辑

寻恩仇缘由

刘半农为何与鲁迅渐行渐远

刘半农生于江苏省江阴市,北京是他的第二故乡。

二十六岁时,刘半农来到北京,除一度出国留学,其他时间都在北京度过。此前刘半农曾在上海谋生,当过编辑、演员等,五年间发表了四十多篇小说,多是市场型作品,被归入"鸳鸯蝴蝶派"。

经陈独秀推荐,刘半农入职北京大学,由于学历低,名义上是教授,其实只负责预科教学。因《新青年》,刘半农一夜成名,依然饱受同侪嘲讽。

刘半农一怒之下出洋留学,历尽艰辛,学成博士,并获"康士坦丁语言学专奖",成为我国第一位获此国际大奖的语言学家。

刘半农曾与鲁迅交好,后偏向胡适。其中有文人意气的因素,也有鲁迅后来远离大学,刘胡有同事之谊的因素。

在北京,刘半农从一名中学都没毕业的农家子弟,一跃成为著名学者、诗人,既体现出"文化古都"的开放性,也体现出当时大学校园的复杂生态。刘半农还是引发"鲁迅获诺贝尔文学奖提名"误传的中心人物。刘半农与鲁迅在北京结交,也在北京产生误会,随着鲁迅离开北京,二人几乎不再往来。

当时的白话运动是胜利了,有些战士,还因此爬了上去,但也因为爬了上去,就不但不再为白话战斗,并且将它踏在脚下,拿出古字来嘲笑后进的青年了。"

在《'感旧'以后（下）》中，鲁迅化名丰之余写下了这段话。这是他唯一一次公开批评刘半农。

文中所指，是1933年10月刘半农发表在《论语》上的一组《问卷杂诗》。当时刘半农是北京大学招考官，常将学生问卷上的错误写入打油诗，比如有人误将留学生写成"流学生"，他便嘲弄道："先生犯了弥天罪，罚往西洋把学流。应是九流加一等，面筋熬尽一锅油。"

所谓"面筋熬尽一锅油"，因吴稚晖曾说，外国如油锅，中国学生如面筋，去里面滚一番，立刻便膨胀起来，并无实学。

刘半农的这些诗虽有些尖酸，但属于游戏之作，鲁迅为何如此不满？作为曾经的好友，二人为何后来不再往来？

对"双簧戏"有赞有弹

今人对刘半农的印象，多来自鲁迅的《忆刘半农君》，此文曾入中学教材，传播甚广，刘半农的"浅"，合演"双簧戏"，后来的颓唐，乃至创造"她"字等，渐成定论。

但，这些说法存有争议。

比如"她"字，非刘半农所造，只是他的《教我如何不想她》一诗影响大，致"她"字被广泛接受。该诗写于1920年9月，此前康白

刘半农

情、俞平伯的作品中已有"她"字。

再如"双簧戏",发生在1918年3月,钱玄同化名王敬轩在《新青年》上攻击新文化,刘半农则回以万余言的《复王敬轩书》,痛加嘲骂,被鲁迅赞为"大仗"。

对"双簧戏"效果不可高估,鲁迅1918年5月29日在给许寿裳的信中叹"该杂志销路闻大不佳",时《新青年》只印一千册,1919年后才销量猛增。

罗家伦曾说:"当时刘半农……狗血喷头地把这位钱玄同先生的化身'王敬轩'骂一顿。这封信措辞轻薄,惹引了不少的反感。后来新青年社中人,亦甚感懊丧。"周作人也说:"这封信发表了之后,反响不是很好,大家觉得王敬轩有点可怜相,刘半农未免太凶狠了。"

此事一度很少被文学史家提起,直到1935年出版的《中国新文学大系》,郑振铎在序言中加以褒扬,1949年后,此事被视为标志性事件,20世纪90年代,渐被传奇化。

为补学历，举家出国

刘半农早年混迹鸳鸯蝴蝶派，写过侦探小说，后向《青年杂志》（《新青年》前身）投稿，结识陈独秀，《新青年》一度期期都有他的文章。1917年，因《我之文学改良观》一文，被蔡元培看重，破格聘为北大预科国文教授。

《新青年》创刊初期作者很少，胡适不催不写；鲁迅也是如此，钱玄同再三催问，才勉强完成《狂人日记》；而钱玄同爱催别人，自己却很少交稿；沈尹默只答应，绝对不写。刘半农是快手，故发稿较多。

刘半农学历低（中学未毕业），发言草率，常被讥为"浅"，据传曾被胡适挖苦，遂不顾年近三十岁，坚决要留洋，并在北京大学资助下，得以赴英。

鲁迅在《忆刘半农君》中特意提到刘半农的"浅"，或有深意。刘半农去世后，胡适等写了许多悼念文章，反复谈及双方后来的交谊，似乎从无隔阂。其实，在《新青年》时期，刘半农与鲁迅走得更近。

刘半农到英国后，双方渐疏远，鲁迅说"我最懒于通信"，其实鲁迅曾在两年间给周作人写过四百封信，主要是刘半农到英国半年后，才给他寄了一张明信片。刘半农此时陷入经济困境，英国物价高，加上他带全家留洋，难以维持，一年后不得不转到较便宜的法国去继续学业。

一本书引发两人隔阂

留洋期间,刘半农还在给《语丝》写稿,基本属"语丝派"阵营。

1924年12月,徐志摩在周作人反复邀约下,在《语丝》上发表译作《死尸》,并在按语中称"我深信宇宙的底质,人生的底质,一切有形的事物与无形的思想的底质——只是音乐",连"坟堆里的鬼磷",也是音乐。

鲁迅很快回以《音乐》,对徐志摩大加嘲弄,并说"和他开一通玩笑,使他不能来(指在《语丝》上发文章)",而刘半农也写了《徐志摩先生的耳朵》,挖苦说:徐志摩能听到别人听不见的声音,希望他死后把耳朵割下来,供我研究。

1925年,刘半农获法国国授博士学位,同年回北大任教。此时"语丝派"与"现代派"阵营判然,刘半农仍站在"语丝派"一边,还写了《骂瞎了眼的文学史家》嘲讽陈源,陈源极感不快,挺笔出战,后来鲁迅、周作人也参与其中。

1926年春,刘半农重印《何典》,请鲁迅作序,鲁迅古文功底极强,傲视同辈,对刘半农的校点自然极不欣赏,并在序文中有所流露。刘半农深感不快,后给鲁迅赠书时,刻意不题字,双方有了隔阂。

鲁迅谢绝刘半农推举

1927年，张作霖坐镇北京，氛围肃杀。"语丝派"中俞平伯、章衣萍、钱玄同等先后南下，只剩周作人、刘半农，刘半农建议停刊。

鲁迅知道后，极为不满，在私信中说："半农不准《语丝》发行，实在可怕，不知道他何从得到这样的权力的。"还说刘半农"狄克推多"（指独裁）得骇人。

此时刘半农尚不知情，正想推举鲁迅争取诺贝尔文学奖。

事源于1926年底，瑞典探险家斯文·赫定准备赴中国西北科考，此时他因发现楼兰古城而名扬世界。刘半农闻讯后，立刻联络北大、清华等机构，创"中国学术团体协会"，抵制赫定单独考察，要求成立联合考察队，且受协会控制。

双方协商十余次，多是刘半农出面谈判，赫定最终接受了一个异常苛刻的协议，被国人戏称为"倒过来的不平等条约"。赫定是瑞典学院和瑞典皇家科学院的双料院士，有诺贝尔奖提名权，为笼络刘半农，赫定请他推举一名中国作家。

刘半农想推举鲁迅，并向魏建功等透露了消息，但鲁迅回信谢绝，这

斯文·赫定在《亚洲腹地探险八年》中画的刘半农侧面像

事后来被魏建功解读为"严正而又坚决地拒绝了帝国主义阴谋分子斯文·赫定的'诱惑'"。

赫定一生只行使过五次提名权,三次与中国相关,即提名赛珍珠、胡适和林语堂。

著名探险家斯文·赫定,他表示愿意推荐中国作家争取诺贝尔文学奖

语言文字学家、教育家魏建功先生

鲁迅为何"憎恶他的近几年"

1928年2月,刘半农在《语丝》上发表了《杂览十六·林则徐照会英吉利国王公文》。在按语中,称林则徐被英人俘虏,"明正典刑,在印度舁(意为抬,音同余)尸游街",这显然是把林则徐和叶名琛搞混了。

4月，鲁迅在《语丝》上编发读者来信，指出这一错误。此举激怒了刘半农，从此刘半农不再给《语丝》投稿。

刘半农转与徐志摩交好，徐志摩住上海，在北大教书，常飞来飞去。一次在酒桌上，刘半农开玩笑说："飞空之戏，君自好之，我则不敢尝。"徐志摩回应道："我苟飞死，君当为我作挽联。"刘半农笑应。几天后，徐志摩竟真的死于飞机失事，刘半农为此写下"一夕清谈成永诀，万山云雾葬诗魂"，但徐志摩追悼会不收挽联，这副对联未能送出。

胡适回北大任文学院院长，正逢他四十岁生日，胡适特别说明不过生日，刘半农、赵元任等人依然联名送贺诗。四年后，周作人五十岁生日，自题两首白话诗，被林语堂发表，结果又是一番众人应和，刘半农写了五首，鲁迅讽为"群公相和，则多近于肉麻"。

刘半农出任北平大学女子文理学院院长后，禁止女生去营业性舞场，且反对互称"蜜斯"，理由竟是"吾人口口声声呼打倒帝国主义之口号，而日常生活中尚将此不需要之帝国主义国家语言中译来之名词引用，诚不知是何种逻辑"，令舆论大哗，刘半农亦黯然辞职。

凡此种种，均让鲁迅不太满意，所以写道："我爱十年前的半农，而憎恶他的近几年。"

摇摆于战士与顽皮之间

1935年2月19日是斯文·赫定七十大寿，瑞典皇家地理学会准备

刘半农的书法

被刘半农戏称为"狗"的国学大师钱玄同

出纪念文集。自1934年5月起,刘半农便着手写祝寿论文,6月19日,他携助手前往内蒙古等地调查方言。

刘半农知内蒙古虱子多,易染病,特带一帆布床,睡则置于房屋正中间,不临墙壁,床脚涂药,严防虱子,他笑称这是"停柩中堂"。此外他携带许多罐头,在当地买馒头,必剥皮才吃,可还是染上了"回归热"。回京后被庸医所误,等送到协和医院,已难回天。

刘半农疏远鲁迅后,曾多次向鲁迅寄书,鲁迅回京探母,刘半农曾想去探望,其忠厚令鲁迅感动。所以鲁迅说"要商量袭击敌人的时候,他还是好伙伴。进行之际,心口并不相应,或者暗暗的给你一刀,他是决不会的",所以鲁迅虽写文章批评刘半农,却不肯亮明身份。

鲁迅希望刘半农依然当战士,但刘半农志不在此,他有战斗的一面,更有滑稽顽劣的一面,无法一味严肃,所以他与钱玄同玩得更投机,正如他所说:"每相见必打闹,每打电话必打闹,每写信必打闹,甚至作(做)为文章亦打闹,虽总角时同窗共砚之友,无此顽皮也。"

刘半农甚至称钱玄同为狗,因为"钱"字发音近于法语的"狗"。他在诗中写道"薄技敢夸字胜狗",就是说自己的字写得比钱玄同好。刘半农太贪玩,鲁迅想让他一辈子当战士,恐怕是期望过高了。

周作人为何骂丰子恺"浮滑肤浅"

1917年4月,三十二岁的周作人来到北京,经鲁迅介绍,入北京大学国史编纂处任编辑员,五个月后被聘为文科教授。除1946年至1949年,因"附逆"被关押在南京,剩下的时间都在北京生活,直到1967年去世。

在北京,周作人生活了四十七年。

周作人没有完全融入北京的生活中,在他的散文中,经常怀念故乡的一草一木,抱怨北京气候、饮食差,很奇怪老北京的点心为什么这么难吃。

与此同时,周作人又沉浸在"京派文化"的闲适、轻松中,始终不愿脱离。

周作人的日语比鲁迅好,又精通英语、古希腊语,眼界甚高。新文学初期作家大多以周作人为标尺,得周作人的嘉评,即可厕身文坛。周作人颇愿扶持新人,他开启的"京派"成为民国文坛的正脉。

生活上异端,文化上投契,周作人以相当别扭的姿态代言着"京派文化"。唯有像他这样腹笥甚宽者,方能直指丰子恺之短。只是在周作人的评价中,不免夹杂了个人意气。尤其是随着"京派"式微,周作人想做常人而不得,这种意气的因素便尤其明显。

丰君（指丰子恺）的画，我向来不甚赞成，形似学竹久梦二者，但是浮滑肤浅，不懂"滑稽"。

1963年4月4日，在给香港作家鲍耀明的信中，周作人对丰子恺极力挖苦。

其实，周作人早年曾撰文称赞丰子恺的漫画，丰子恺成名，缘于文学研究会机关刊物《文学周报》的最早推重，而周作人正是该会的精神领袖。

周作人不满，皆因丰子恺曾为《儿童杂事诗》配图。

1945年12月，周作人以汉奸罪被逮捕，初被判死刑，后改为十五年有期徒刑，系于南京老虎桥监狱，万分痛苦中，以写《儿童杂事诗》自遣。国民党败退台湾后，周作人重获自由，为解生活困难，将这批诗卖与《亦报》，《亦报》请丰子恺配漫画后刊载，轰动一时。

为周作人的诗配图，丰子恺冒了不小的政治风险，本有帮衬之意，为何周作人不感恩，反而恶语相向？丰子恺究竟怎么惹着周作人了？

到上海去"卖野人头"

丰子恺，本名丰润，浙江桐乡人，生于1898年，自幼好美术，1914年考入浙江第一师范，时李叔同（弘一法师）在此任美术、音乐教师。

李叔同是日本著名油画家黑田清辉的弟子,重视西洋素描绘画的严格训练,令丰子恺大开眼界。李叔同极少论人,却称赞丰子恺说:"你的画进步很快!在我所教的学生中,从来没有见过这样快速的进步!"

此后两年,丰子恺几乎放弃了其他所有学科,专攻绘画。1919年夏毕业时,丰子恺因成绩不佳,工作无着,又不愿回故乡小学任教,便跟着学长吴梦非、刘质平到上海开美术学校,教西洋画。

对这段从教经历,丰子恺自嘲为"卖野人头"(指用假货欺骗别人)。随着大批留日美术生回国,靠劣质翻印品来了解西洋画的丰子恺自觉难再维持。

一次,丰子恺布置学生画静物,以青皮橘子为标本,却触发了他的伤感,"我自己犹似一只半生半熟的橘子,现在带着青皮卖掉,给人家当作习画标本了"。他下决心要当"留洋美术家"。

最终,母亲变卖了部分家产,加上岳父资助,1921年春,丰子恺终于来到日本。

到了日本,丰子恺才知

丰子恺先生在杭州田家园(摄于1936年10月10日)

道什么是真正的西洋画，才发现自己竟差得这么多，而好不容易搞来的那点钱，只够在日本待十个月。

丰子恺异常灰心，他说："后来上午的课（指美术课）常常闲却，而把大部分的时光消磨在浅草的Opera（歌剧）馆，神田的旧书店，或银座的夜摊里了。"

迷茫中遭遇竹久梦二

于迷茫与焦虑中，丰子恺在"神田的旧书店"意外发现了竹久梦二的画集。

竹久梦二是一位业余画家，擅长用漫画表达朦胧的伤感，技法洗练，浅白易懂，却别有一番滋味。竹久梦二不被主流接纳，却深受普通民众喜爱。

丰子恺看后，感到这是自己今后努力的方向。一方面，竹久梦二式的画重在创意，对技法要求不高；另一方面，放弃油彩与画布，转向纸墨，易被东方人接受。

丰子恺原本不太熟悉国画，但清末画家曾衍东给他以启迪。曾衍东一生蹉跎于官场，漂泊困顿，晚年竟以卖画为生。他喜画人物，用笔自由，作品饱含幽默。在中国，曾衍东寂寂无名，在日本却很有名气。从曾衍东的画中，丰子恺发现，笔墨不必恪守前人定则。

回国后，丰子恺一边教书，一边尝试竹久梦二式的画风。1925年，经朱自清推荐，丰子恺的画得到《文学周报》主编郑振铎的重

视,《文学周报》辟出专栏,定期发表。1926年,由丰子恺插图的俞平伯诗集《忆》出版,在文化界引起轰动。

周作人撰文说:"这种插画在中国也是不常见的……中国有没有这种漫画,我们外行人不能乱说,在我却未曾见到过,因此对于丰君的画不能不感到多大的兴趣了。"文中"多大的兴趣",即"很大的兴趣"。

因郑振铎先生的大力推荐,丰子恺被公众所接受。图为青年时代的郑振铎

周作人率先出刀

丰子恺与周作人虽无往来,但二人创作理念相近,均重趣味。1932年,林语堂在上海推出《论语》半月刊,丰子恺不仅配图,还写了很多随笔,时有"论语派"八仙之说,即吕洞宾(林语堂)、张果老(周作人)、蓝采和(俞平伯)、铁拐李(老舍)、曹国舅(简又文)、汉钟离(丰子恺)、韩湘子(郁达夫)、何仙姑(姚颖)。

1939年12月30日,看到丰子恺出版的《漫画阿Q正传》,周作人感到很不满意,认为远不如蒋兆和画的阿Q好,便在媒体上发文批评,说:"丰君的画从前似出于竹久梦二,后来渐益浮滑。"

说"浮滑",因知名度提高后,丰子恺也开始卖画,为满足用户需求,不得不在画面上添加他并不擅长的山水,且多设色,与早期相比,此时作品创造力下降,偏向甜俗。

周作人的批评有些道理,但文章发在敌占区的媒体上,丰子恺可能没看到。

丰子恺为《阿Q正传》配的插图,遭到一些批评

想帮忙却结了仇

1950年2月,《亦报》发表了周作人的《儿童杂事诗》,署名为"东郭生",丰子恺此时已甚少作画,碍于旧情,勉力为之,但他的配图常背离原诗。比如"荸荠甘蔗一筐盛,梅子樱桃赤间青。更有杨梅夸紫艳,输它娇美水红菱",丰子恺画的却是豌豆与樱桃,并自配白朴诗句"樱桃豌豆分儿女,草草春风又一年"。

再比如"瓜皮满地绿沉沉,桂树中庭有午荫。蹑足低头忙奔走,捉来几许活苍蝇",诗中明明说的是"桂树",丰子恺却画成芭蕉。

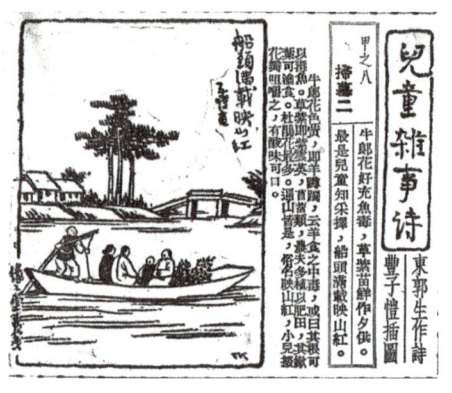

丰子恺为周作人（化名东郭生）先生的诗配画，二者比例悬殊

如事先沟通，这本是小问题，但这个"合作"事先未征求周作人意见，且周作人成名早，常年以文坛领袖自居，此时山穷水尽，对人情冷暖极敏感。《亦报》发表《儿童杂事诗》时，丰子恺配图所占面积大，周作人的诗所占面积很小，俨然成了周作人在给丰子恺的画配诗。周作人一直瞧不起"海派"文人，对此难免耿耿于怀。

1950年后，周作人埋头翻译，全靠人民文学出版社每月预支两百元稿费生活，因家中开销大，四处哭穷，后预支稿费提到四百元，仍不够用，1962年，甚至将个人日记作价一千八百元卖给鲁迅博物馆。而1952年后，丰子恺先后担任上海文史馆馆员、中国美术家协会上海分会副主席等要职，风光一时。在落差面前，周作人心态有些失衡。

和曹聚仁产生矛盾

在给鲍耀明的信中，周作人措辞激烈，可能还有一个原因，即二人通信多由曹聚仁代转，而曹聚仁与丰子恺有矛盾。

曹聚仁、丰子恺同为李叔同弟子，原本关系不错。抗战时，丰子恺一家逃难经浙江兰溪，遇到曹聚仁，曹聚仁请丰子恺吃了一顿饭，聊了些时事。1938年3月5日，曹聚仁发表《数月来的繁感》，提到了这次相会。

丰子恺到汉口后，有人对他说"曹聚仁说你的《护生画集》可以烧毁了"。丰子恺是居士，《护生画集》体现了他的佛教思想。李叔同在世时，丰子恺以此作为给恩师的寿礼，李叔同圆寂后，丰子恺则以此来纪念恩师。

《护生画集》本是艺术创作，却被误读为反对战争，与抗战大背景不协调，饱受各方"炮轰"，丰子恺觉得很委屈，听说曹聚仁也反对，便找来《数月来的繁感》细读。

其实，曹聚仁的文章只是隐约地表达了不同意见，但丰子恺却发现文中有多处误记，认为曹聚仁是故意的，便写了措辞激烈的《一饭之恩》，挖苦道："因为一般浅见的人，向来误解'艺术'，把它看作消闲物，奢侈品。甚至身为大学教授，名为文学作家，而担任许多大报的战地通讯员的曹聚仁先生，亦复如是。"

打丰子恺是为拉曹聚仁

丰子恺的文章中，也有一些误记。曹聚仁向来锋芒毕露，读后立刻写了《一饭之仇》反击，称"子恺先生若要虚构这些话，找些帮手来骂我，那我只能佩服他的'说谎艺术'了"，并宣布，如丰子恺不

向他公开道歉，便从此一刀两断。

本是一个小误会，可二人都欠冷静，终于成了陌路。

1956年，蛰居香港六年的曹聚仁以新加坡《南洋商报》特派员身份回内地采访，先后见了溥仪、周作人、齐白石、沈从文等。

曹聚仁当年曾撰文挖苦过周作人，但门庭冷落多年的周作人对曹聚仁的到来极兴奋。此时，周作人因脑血管硬化已不甚见客，见也只见十分钟，可他却和曹聚仁聊了一个多小时。1959年，经上级领导同意，曹聚仁请一批老文人为自己在海外办的报纸撰稿，其中就有周作人。

1960年，周作人将《知堂回忆录》交曹聚仁连载。该书出版时，周作人特别写道："对他（指曹聚仁）那种久要不忘的待人的热心，办事的毅力，那是不能不表示感佩的。"对晚辈如此揄扬，可见周作人对这一交往的重视程度，表明自己也反丰子恺，应能拉近彼此的亲近感。

带着隔阂告别尘世

1961年12月，丰子恺开始翻译《源氏物语》，这是当时人民文学出版社的重点工程，先是交给钱稻孙译，但钱稻孙翻译太慢，只好换成丰子恺，却让周作人校记。

对这一安排，周作人当然不服气，在《源氏物语》上，周作人曾下过苦功夫，学了古日语，在他看来，只在日本"游学"十个月的丰子恺没有译此书的资格。拿到丰子恺的译稿后,发现用的是明清小说式的语言,而非文言,周作人表示应彻底扔掉。在给鲍耀明的信中,周作人甚至说:"近见丰氏源氏译稿,乃是茶店说书,似尚不明白源氏是什么书也。"

为翻译《源氏物语》,丰子恺曾登门拜访周作人,双方一生中直接接触,似乎只有这一次,显然未能消除周作人的偏见。

1966年后,原本暗中照顾周作人的章士钊自顾不暇,周作人自知难免,致书派出所,请求服安眠药自杀,未获批准。1967年5月6日,周作人因病去世。

在"文革"中,丰子恺也遭冲击,多次挨斗,工资停发,一度从事体力劳动,但丰子恺从容以对,不论怎样搅扰,每日必抽烟一包,饮啤酒两瓶。1975年9月15日,丰子恺因癌症去世。

不论周作人、丰子恺二人有多少不同,有一点却是相同的,即:晚年不得不以翻译为主,创作基本荒废。

章士钊先生一直在暗中照顾晚年周作人

杨度与梁启超为何绝交

杨度是湖南人,但他一生参与的重大事件多在北京:

1895年,他在北京会试期间参与了公车上书。

1908年,袁世凯被免职回原籍,杨度奔走于北京、河南项城之间,暗中联系。

1911年,杨度被皇族内阁任命为统计局局长,官至四品。

1914年,袁世凯解散议会,杨度出任参政院参政,袁世凯赐匾,称他为"旷代逸才"。

1915年杨度、孙毓筠、严复、刘师培、李燮和、胡瑛六人成立"筹安会",支持当时的中华民国大总统袁世凯恢复帝制。

1916年6月6日,袁世凯在忧愤中死去,弥留之际大声叫喊:"杨度误我。"

"筹安会六君子"(杨度领衔,加孙毓筠、严复、刘师培、李燮和、胡瑛)合影,共同劝袁世凯称帝

1927年,李大钊被捕,杨度卖掉了自己的住宅,全力营救……

杨度与梁启超最早相识,也是在北京。

遗憾的是,杨度在天津、上海的旧居至今仍存,而他在北京的旧居已难觅。

事业本寻常,成固欣然,败亦可喜;
文章久零落,人皆欲杀,我独怜才。

1929年1月19日,梁启超因病逝于北京协和医院,同年2月17日,他在上海的故旧设奠于静安寺,举行公祭,杨度特题写了这一挽联。

梁、杨相识三十余年,1903年正式订交,曾经莫逆,杨度的两篇成名作还是梁启超编发的,可1916年时,二人却正式绝交。

"事业本寻常"指梁启超一生热衷政治却毫无建树,乃至连累"文章久凋零",指摘梁启超投笔从政,在当时属主流意见。有一位名人曾说:"如梁专为学者,或终身从事于教育,而不热衷政治,则其有益于国家民族必更多矣。惜乎,舍其所长而自用其短,至今犹不免为后人所不齿。"

在挽联中,杨度为梁启超辩解了两句,但不深入,从中亦可见他们后期关系尴尬。

杨度青年时的照片

武将世家中的帝王师

杨度生于1875年1月，湖南湘潭人，本名杨承瓒，字皙子，世代务农，祖父杨礼堂从湘军名将李续宾征战，死于沙场。杨度的父亲杨懿生在曾国荃营中做过文书，后回乡务农。杨度十岁丧父，过继给伯父杨瑞生，杨瑞生十五岁即从军，缘战功升至二品总兵。

后来在《湖南少年歌》中，杨度曾写道：

我家数世皆武夫，只知霸道不知儒。
家人仗剑东西去，或死或生无一居。

杨度少年聪明，十七岁考上秀才，十八岁中举，但连续两年参加会试均失败，转投国学大师王闿运门下。王闿运问杨度："我这里有三种学问，分别是功名之学、诗文之学和帝王之学，你想学哪一种？"杨度选择了帝王之学，他说："余诚不足为帝王师，然有王者起，必来取法，道或然与？"

1897年，梁启超应湖南巡抚陈宝箴之请，任湖南时务学堂中文总教习，第二年，杨度到长沙拜会梁

1910年，王闿运（前排右三）等人在长沙超览楼前樱花树下合影留念

启超，当年梁启超二十四岁，杨度二十三岁，因观点不同，未能结成深交。

1902年6月，杨度不顾王闿运力劝，自费赴日留学，从王闿运的日记看，此前他已很少提及杨度，可见二人观念已生冲突。

东京房租极贵，住户需按席（一席约1.62平方米）交租金，而杨度寓所很宽敞，成了留学生们的聚点，杨度因此结识了黄兴、陈天华。

吃了梁士诒的"挂落儿"

1902年，杨度在弘文学院（近于日文补习班）湖南速成师范科学习，同年10月毕业回国时，校长嘉纳治五郎训话，杨度两次发问，嘉纳甚奇之，便邀他到寓所谈了两次。

嘉纳治五郎认为当时中国积弊已深，不能马上推行新政，应取缓和渐进之路，但杨度却反驳说："于百亡中而求一存，亦只有孤注一掷之谋，而无计出万全

梁启超与杨度曾是密友，图为梁启超（右）在日本时与友人合影

之道。"这次争论让杨度声名鹊起,且开启了留日生对国民性话题的关注。

当时日本学界与民间都喜谈国民性,但中国学生对此尚不太了解。鲁迅、许寿裳亦入弘文学院学习,在此期间,鲁迅也开始思考如何改造国民性。

1903年7月,经太常寺卿陈兆文举荐,杨度赴京应清政府在保和殿举行的经济特科考试,初考中第一等第二名,第一名为梁士诒,没想到军机大臣瞿鸿禨与主考官张之洞不和,便向慈禧太后诬告说梁士诒是"梁头康足"(梁士诒与梁启超同姓,且康有为的字为祖诒),有新党嫌疑。慈禧太后大怒,要求彻查考生来历,结果发现上榜的沈荩果然是康有为的门生。

经此一变,梁士诒、杨度均落榜,杨度未能参加复试,只好自费再度赴日。

为了梁启超而放弃

回东京后,杨度与梁启超密切交往。

梁启超当时也在日本,生活清苦,靠边写作边教书糊口,杨度常去听课。1903年10月,二人正式订交,也正是在这一年,梁启超在《新民丛报》上发表了杨度的《湖南少年歌》,并称赞说:"昔卢斯福(即美国总统老罗斯福)演说,谓欲见纯粹之亚美利加人、请视格兰特(南北战争时北军统帅、曾任美国总统);吾谓欲见纯粹湖南人,请视杨皙子。"

《湖南少年歌》让杨度一举成名,其中的名句"若道中华国果亡,除非湖南人尽死"被传诵至今。

1904年2月,杨度写出《黄河歌》,梁启超又将其发表在《新民丛报》上,赞叹说:"今欲为新歌,适教科用,大非易易。盖文太雅则不适,太俗则无味。斟酌两者之间,使儿童讽诵之程度,而又不失祖国文学之精粹,其非易也。杨皙子之《黄河》《扬子江》诸作,庶可当之。"

1905年7月,杨度与一位主张民族革命的先生辩论三昼夜,这位先生拉杨度参加革命,杨度说:"度服先生高论,然投身宪政久,骤难改。"所谓"投身宪政久",指梁启超主张君主立宪,杨度不忍背之,便与这位先生约定:"我主张君主立宪,一旦告成,希望先生可以助我;先生号召民族革命,先生成功,我也会放弃我的主张,以助先生。都是为国,不必互为妨碍。"

想当首相却落空

日俄战争后,清政府为应付国民要求改变政体的呼声,派五大臣出洋考察,而在日本的考察报告由杨度和梁启超代笔,此事被袁世凯侦知。

1907年10月,因伯父病逝,杨度回国奔丧,第二年3月,杨度在长沙设湖南华昌炼矿公司,4月时,袁世凯、张之洞联名举荐杨度,

1913年，身着十二章衮服的袁世凯参加祭天大典

杨度曾全力支持袁世凯称帝，却未能如愿当上总理，图为身穿一等官员勉领祭服的杨度在祭天大典上

称赞他"精通宪法，才堪大用"，授给四品京堂官衔，"在宪政编查馆行走"，但只是个闲差。因杨度好辩，与袁世凯的长子袁克定交好。

1908年11月，慈禧太后去世，为报"戊戌变法"失败、兄长光绪皇帝被囚之仇，载沣在与袁世凯议事时突出口谩骂，甚至拔手枪向袁世凯射击，被随从将手枪夺去。在张之洞反复劝说下，载沣决定只免除袁世凯一切职务，留其性命。

辛亥革命爆发次日，恰逢袁世凯五十二岁生日，杨度等人为袁世凯祝寿。得知暴动，倪嗣冲、段芝贵等人劝袁世凯趁机复出，杨度却认为时机不成熟，袁世凯听从了杨度的意见。最终，庆亲王奕劻给杨度七十万两白银，要他买通袁世凯身边的人，共同促袁世凯出山。

袁世凯出山后，杨度又与革命党人斡旋，帮助袁世凯登上中华民国临时大总统的宝座。

杨度立下汗马功劳，本以为袁世

凯会让他当首相，可袁世凯却只给杨度一个教育部部长的闲职，杨度表示"我帮忙不帮闲"，袁世凯干脆易以蔡元培，连部长都不让杨度当了。

梁启超大事不糊涂

1912年，梁启超结束海外流亡生涯，回到天津，杨度前去迎接，并将他拉到袁世凯帐下。

1913年，梁启超成为进步党领袖，与国民党抗衡，为袁世凯国会效力，但到1915年时，袁世凯称帝意图日渐显露，让梁启超忍无可忍。

为复辟帝制，杨度成立了筹安会，袁世凯本不赞成，因外界均知杨度与袁世凯关系非凡，很容易想到杨度的行为是袁世凯授意的。袁世凯希望杨度在幕后，让梁士诒在前，但杨度说服袁克文，让后者掏了二十万大洋做经费。在筹安会成立仪式上，杨度说："我等倡助帝制，实行救国，自问之不怨，何恤乎人言。即以'走狗'二字论，我狗也不

被称为"四大公子"之一的袁克文

狗，走也不走的。"

杨度四处拉票，甚至收买妓女集体劝进，让袁世凯误判形势。

袁克文曾宴请梁启超，探问他对帝制的态度，梁启超说："我生平只研究政体问题，很少研究国体问题。"杨度私下对袁克文说："这个书呆子是不会反对帝制的，他说今天仍在研究政体而不议论国体，不过是自高其身份而已。"

很快，梁启超完成了《异哉所谓国体问题者》，袁世凯听说后大吃一惊，愿用二十万大洋买下此稿，梁启超不予理睬。1915年8月20日，该文正式发表，9月7日，杨度声明回应："予之宗旨非立宪不能救国，非君主不能立宪，虽举国反对，予必一人坚持，无论何种利害祸福皆非所计。"二人十三年的友谊彻底破裂。

1916年，袁世凯称帝失败，死前再三说："杨度误我。"

若个书生万户侯

梁启超、杨度交恶，缘于政治立场不同，没想到却被时人编成一段三角恋爱故事。

原来天津有名妓花云仙，"初为梁启超所狎"，不想杨度坠入情网，"定情费万金焉"。杨度在花云仙身上花了两万多大洋，花云仙犹未餍足。杨度微露吝惜之意，花云仙便找来侍婢，大声说：那本三万元的存折，就拿给杨大人罢。二人从此分手。当时流行望气卜吉凶，杨度自嘲说："我头不必看，惟有绿气耳。"

此事记在杨度同乡朱德裳所著《三十年闻见录》一书中，但属孤证，朱德裳亦曾赴日留学。杨度、梁启超曾与国民党为敌，在民国时屡遭泼污。

杨度晚年学佛，一次其母过生日，有宾客送来寿联，上书："海屋添筹，安琪天使；香山盛会，长乐花开"。每句中各取一字，即为"筹安会长"，显然是在讥讽杨度，杨度觉此联辞藻秀丽、对仗工整，便命家人将其悬挂于中堂显眼之处。

杨度后被杜月笙聘为顾问，与杨云史、杨千里并称"三杨开泰"，每月拿五百大洋薪水，当时章士钊亦受杜月笙馈赠。杨度吸鸦片，且烟瘾很大，为报答杜月笙，杨度亲笔撰写《杜氏家祠记》，赞杜月笙亦儒亦侠。

1932年，杨度因病去世，终年五十七岁，只比梁启超多活一岁多。

杨度晚年告别政坛，曾想回归写作，但"自中年不好读书，晚年欲修国史，《史地》一篇已十余万言。又遁情禅脱，以自消遣。卒以饮醇近妇，自陨其生。盖杨之才气，较大于梁；而梁之博览古今，非杨所及也"。

看来，"事业本寻常""文章久零落"这两句话，用在杨度身上也合适。

名士 斯文风雅

陈师曾,与鲁迅渐行渐远的朋友?

1913年秋,陈师曾应民国政府教育部之聘,来到北京,先后在亲戚、朋友家借住了近七年,1920年才在西城根一带库资胡同购房。他的名作《北京风俗图》绘于寄人篱下的时期。

陈师曾自称:"生平所能,画为上,而兰竹为尤,刻印次之,诗词又次之。"但丰子恺先生曾说:"我小时候看到《太平洋画报》上发表陈师曾的小幅简笔画《落日放船好》《独树老夫家》等,寥寥数笔,余趣无穷,给我很深的印象。我认为这真是中国漫画的始源。不过,那时候不用漫画的名称,所以世人不知师曾漫画而只知子恺漫画。"

《北京风俗图》一改传统文人画的内容,专注于底层百姓生活,拾破烂、烤白薯、拉人力车、淘粪等皆可入图,保留了老北京的真实风貌。

陈师曾所绘,多是他和鲁迅等到宣南地区闲逛所见,二人相交九年,经常一起"游小市""往琉璃厂""逛厂甸",可惜这段友谊未能延续。

生平海波未寓目,乍疑一片水苍玉。

1902年3月24日,在开往日本的轮船上,二十六岁的陈师曾写下如此诗句。与他同行的是后来中国文化界两位泰斗级人物：一位是鲁迅，另一位是陈师曾的同父异母弟弟陈寅恪。

这一年鲁迅刚二十一岁，以优异成绩从矿务铁路学堂毕业，官派赴日留学，带队的是学堂总办俞明震。陈师曾虽同船，却是自费生，可离奇的是，陈师曾竟被算成俞明震的五名随员之一，充任文案之职。

俞明震是陈师曾继母（即陈寅恪的生母）的哥哥，赴日前，陈师曾一度寄住在矿务铁路学堂，学生们给他起了个外号，叫"官亲"。

显然，陈师曾揩了清政府的油（免费船票一张），令人怀疑的是，俞明震的另一文案名为陈贞瑞，很可能是陈寅恪的化名，而陈寅恪当年才十二岁。

三位大师级人物就这样尴尬地开始了东渡之旅。

爷爷死得不明不白

陈师曾出身名门，爷爷是清末名臣陈宝箴，父亲则是"清末四大公子"（另三人是谭嗣同、吴保初和丁惠康）之一、"同光诗派"领袖陈散原（即陈三立）。

陈师曾名陈衡恪，以字行。五岁时生母去世，祖母黄氏亲自将他抱大，陈三立曾记："夕依余母寝，朝就余父识字，说训诂。衡恪七岁至十岁，能擘窠书，间作丹青，缀小文断句，余父辄举以夸示宾客。"所谓擘窠书，指大的楷体字。

被称为"中国现代美术第一人"的陈师曾

陈师曾的自画像

陈师曾六岁时随祖母游西湖,在轿壁上用手指画荷花,回家便能用笔墨勾勒出来,无师自通。

九岁时,陈宝箴为陈师曾定了亲。

陈宝箴积极支持维新,戊戌变法期间,各省均虚应故事,只有陈宝箴任巡抚的湖南省变化最大。变法失败后,陈宝箴因曾保举谭嗣同、杨锐,坐"滥保匪人"被免职,两年后突然病亡。

在陈三立的《崝庐述哀诗》中,有"儿拜携酒浆,但有血泪涌"等句,大有怨气。有学者从戴明震的父亲《文录》手稿中找到一条佐证材料:"光绪二十六年(1900年)六月二十六日,先严千总公(名闶炯)率兵弁从巡抚松寿驰往西山崝庐宣太后密旨,赐陈宝箴自尽。宝箴北面匍匐受诏,即自缢。巡抚令取其喉骨,奏报太后。"

但也有学者认为,此时慈禧太后正因八国联军进攻而焦头烂额,哪里有精力搭理陈宝箴,且湖南变法的真正操盘手是陈三立,杀父不杀子,于理不通。

人生何处不相逢

到日本后,鲁迅和陈师曾等先入日本弘文书院学日语,八人同住一寝室,据室友沈瓞民记载:"有时商量推敲文字,渴求新知;有时共抒雄图,志在光复;有时浊醪痛饮,高歌'狂论'。都算得风姿英发。"

1903年4月,日俄战争一触即发,远在上海的蔡元培、何琦办了《俄事警闻》,偏袒日本,鲁迅不以为然,特别托回国活动的沈瓞民给蔡、何带了一封信,说:"(一)持论不可袒日;(二)不可以'同文同种'、口是心非的论调,欺骗国人;(三)要劝国人对国际时事认真研究。"

陈师曾也写了六封信,托沈瓞民带回,分别交给自己的父亲和亲友,要他们提防日本。

虽观点相同,但鲁、陈似乎关系一般,鲁迅不喜欢和中国留学生在一起,听说仙台没有中国人,便去了仙台医学专门学校,而陈师曾则在东京师范学校博物科学习。

陈师曾所绘《读画图》

1909年，鲁迅与陈师曾先后回国，鲁迅在浙江的中级学校当过化学教员、监学等，陈师曾则担任过江西教育司司长等。

1912年，蔡元培将鲁迅拉入教育部，渐次升为佥事，负责图书馆、博物馆的建设和美术教育工作。因蔡元培主张美育，1913年3月，鲁迅等开始筹办"全国第一次儿童艺术展览会"。1913年秋，陈师曾也进了教育部，两人合作从展品中优中选优，送巴拿马博览会展出。

当年6月2日，鲁迅在日记中记道："与陈师曾就展览会诸品物选出可赴巴那马者饰之，尽一日。"

亲兄弟，明算账

此后，鲁迅与陈师曾交往渐趋密切。

1914年至1923年，陈师曾在鲁迅日记中出现了七十多次，其中十七次是一起"游小市""往留黎厂（即琉璃厂）"，另有十八次互赠文物。

鲁迅常找陈师曾写字、画画、刻图章，不仅让陈师曾给自己刻了许多章，还让陈师曾帮周作人刻章，周作人开玩笑说，大家都打算慢慢"揩他的油"。不过鲁迅每次都给钱，在日记中，常有"酬二元""报以十银"之类，陈师曾也不推辞。

一次大家相约去清真饭馆吃牛肉面，路上恰好有结婚仪仗经过，陈师曾独自跟着花轿看，鲁迅鼓动大家开玩笑说："师曾心不老，看新娘子入迷了。"

陈师曾入京两年后便成了画坛名人，而此时鲁迅尚默默无闻。鲁迅很少评价陈师曾的画。周作人曾说："陈师曾的画世上已有定评，我们外行没有什么意见可说。在时间上他的画是上承吴昌硕，下接齐白石，却比二人似乎要高一等，因为是有书卷气。"

鲁迅曾请陈师曾为他编译的《域外小说集》题签，据徐梵澄回忆，鲁迅曾说陈师曾的画"是好的"，其刻图章也"不坏"。

鲁迅喜欢收集信笺，很多是陈师曾设计的。鲁迅认为："及中华民国立，义宁陈君师曾入北京，初为镌铜者作墨合、镇纸画稿，伸其雕镂；既成拓墨，雅趣盎然。不久复廊其技于笺纸，才华蓬勃，笔简意饶，且又顾及刻工省其奏刀之困，而诗笺乃开一新境。"

喜欢中也有不喜欢

鲁迅很少谈陈师曾的画，可能有两个原因：一是专业差距大，二是主张有不尽相同处。

陈师曾刚入北京时，北方颇崇"四王"（即清代画家王时敏、王鉴、王原祁和王翚），风格偏绵软，陈师曾将"海派"的"金石画风"带入京城，引起较大反响。

陈师曾的《北京风俗图》（共计三十四幅）描绘了说书、车把式、货郎、算命者的生活，展现了民国初年北京社会的风貌，这些作品与鲁迅审美观相契合。

但陈师曾对传统"文人画"有好感，与提倡洋画写实精神的时

贤意见相左，他们中有人曾说："若想把中国画改良，首先要革'王画'的命，因为改良中国画，断不能不采用洋画写实的精神。"陈师曾则针锋相对，写了《文人画之价值》，提出："文人画不求形似，正是画之进步。"

对于这场争议，鲁迅并未参与其中，但从鲁迅后来关于木刻的评论中看，他是不太认可"文人画"的。1930年2月21日，鲁迅在上海中华艺术大学的讲演《绘画杂论》，曾说："古人作画，除山水花卉而外，绝少社会事件，他们更不需要画寓有什么社会意义。你如问画中的意义，他便笑你是俗物。这类思想很有害于艺术的发展。我们应当对这类旧思想加以解放。"

陈师曾在江西当官和教学期间，多次登门向吴昌硕求教，列入吴派门墙，吴昌硕与鲁迅同是浙江人，但鲁迅对吴昌硕的作品从未表示过好感。

慧眼发现齐白石

1917年，五十三岁的齐白石为避家乡兵乱来到北京，因囊中羞涩，只好借住在法源寺僧房。

当时齐白石名气不大，一个扇面定价只有两块银圆，比一般画家的润格低一半，好在"那时物价低廉，勉强可以维持生计"。

齐白石走投无路，恰在此时，陈师曾偶尔在琉璃厂看到齐白石所刻印章，大为赞赏，专程跑到法源寺去见齐白石。齐白石后来说：

"我那时（五十八岁）学的是八大山人冷逸的一路。除了陈师曾以外，懂得我画的人，简直是绝无仅有……得交陈师曾做朋友，也是我一生可纪念的事。"

严格来说，齐白石与陈师曾属同门，因陈师曾十一岁拜在尹和伯门下，而尹和伯也是齐白石的老师。陈师曾曾对胡佩衡说："（齐白石）思想新奇，不是一般画家能画得出来的……我们应该特别帮助这位乡下老农。"

1922年，陈师曾应日本画家荒田十亩、流边晨亩之约，与金拱北同赴日本举行画展。陈师曾特意将齐白石的画带去，结果画作全部被卖出，且卖价颇高。一幅花卉卖到一百银圆；一幅二尺长的山水卖价二百五十银圆，法国人还将陈师曾、齐白石的画拿到巴黎展出，齐白石因此成名。

齐白石说："我的卖画生涯，一天比一天兴盛起来。这都是师曾提拔我的一番厚意，我是永远忘不了他的。"

陈师曾更近于业余画家，未真正突破吴昌硕的窠臼。当时吴昌硕的画在北京打不开局面，真正让吴派风靡京津的是齐白石，不是陈师曾。

陈寅恪为何不与鲁迅往来

1923年9月17日，年仅四十八岁的陈师曾突然去世。

对于陈师曾的死，说法众多。黄濬记为"师曾之殁，为骤患腹

国学大师陈寅恪先生在西南联大时

疾"。鲁迅记为"不料他因看护老太爷的病传染了伤寒,忽然去世了"。邓云乡先生则说,陈师曾的学生告诉他,因陈三立生病,陈师曾回南京照顾,后来陈三立好了,陈师曾却染上伤寒,又错吃了药,误以为是疟疾,吃了金鸡纳霜,结果与世长辞。

但陈三立则撰文称,陈师曾原本身体就比较弱,恰逢继母俞淑人病重,俞淑人平时最喜欢陈师曾,"淑人屡举其行谊为诸弟率,所最笃爱者也",故陈师曾不离左右照料,致身体透支。俞淑人去世后,陈师曾冒雨送葬,遂一病不起,竟然不治。陈三立的说法可能更准确。

陈师曾一生曾三次结婚,前两次夫人均早逝,陈师曾的大儿子陈封可后来留学德国,当过驻汉堡领事,因继母问题,父子间感情不好。

陈寅恪与鲁迅也有过来往,在《鲁迅日记》中,有这样的记载:"赠陈寅恪《域外小说》第一、二集,《炭画》各一册。"但陈寅恪后来从不对外提起鲁迅,据陈寅恪晚年说,鲁迅后来名气越来越大,成为"民族魂",陈寅恪担心被人们误会为"无聊之徒,谬托知己"。

  陈寅恪与鲁迅年龄相差太大,未必成为朋友,即使对陈师曾,1919年后鲁迅与他来往渐少。

废名打过熊十力吗

废名是"京派"第二代掌门人,作品以难懂著称,连他的老师周作人都说读不懂。近年来,废名的创作得到学界高度重视,认为对后来沈从文等人产生了直接影响。

其实,废名的写作不算难懂,他试图将散文与小说结合起来,形成一种独特的抒情文本,只是用力过猛,太执着于句秀,整段去读,便显得有些凌乱。在写作时,废名可能很少考虑主题、意思等,他只是想写好一个个漂亮的句子,然后将它们随意组装在一起。

这种过分雕琢的风格与当时"京派文化"颇契合。

当时北京文化圈号称"象牙之塔",身居其中,可以远离现实,专注于玄远之事。所以废名的写作完全不考虑读者能否读懂,彻底脱离时代。一般来说,这种"为写作而写作"总在富裕悠闲的时代才有价值,偏偏废名处在剧烈变化的时代中。

生错时代不是废名的错,好在当时还有"京派文化",多少给了他一点点空间。

大概在一九四八年夏日,他们两位都住在原沙滩北大校办松公府的后院,门对门。熊十力写《新唯识论》批评了佛教,而废名信仰佛教,两人常常因此辩论。他们的每次辩论都是声音越辩越高,前院的人员都可以听到,有时甚至动手动脚。这日两人均穿单衣裤,又大辩起来,声音也是越来越大,可忽然万籁俱静,一点声音都没有了,前院人感到奇怪,忙去后院看。一看,原来熊、冯(废名本名冯文炳)二人互相卡住对方的脖子,都发不出声音了。这真是"此时无声胜有声"。

这段精彩的描写出自汤一介先生的《"真人"废名》。废名曾与钱玄同、傅斯年并称北大"三大魔",系辜鸿铭后另一怪人,可惜的是,后人常忽略废名的文字功力,专谈他的怪,由此生出许多误会,即以汤先生这段文字为例,便未必是事实。

毕业时成绩全班倒数第一

废名本名冯文炳,生于1901年,湖北黄梅人,祖上是篾匠,靠编制簸箕、箩筐维生,渐有积蓄,父亲冯楚池读过几年书,在当地劝学所当了小官,家道由此中兴。

废名六岁时患"老鼠疮"(即淋巴结核),几乎丧命,因而被祖父嫌弃,废名自小便觉得自己"仿佛是多余的一个小孩子似的"。

少年时代的废名多病,"五年的中学光阴,三年半是病,最后的夏秋

京派第二代作家的领军人物、著名诗人废名

两季,完全住在家",1922年,废名考入北京大学预科。

周作人曾这样形容废名的相貌:"奇古,其额如螳螂,声音苍哑,初见者每不知其云何……废名眉棱骨奇高,是最特别处。"显然,这是很客气的说法。因"老鼠疮",废名声音变哑,脖子上伤痕累累,加上从小受冷落,常住在外婆家,玩伴以女性为主,故废名成年后性格孤僻、多疑且易怒。

废名的老师叶公超,他对废名评价不高,图为叶公超

废名有兄弟姐妹六人,妹妹阿莲比他小十一岁,最得他喜爱,却不幸七岁时因病去世,废名从此产生了强烈的厌世情绪。

预科毕业后,废名升入英文系本科,可他成绩不佳,据说最终以全班最后一名的成绩毕业。据他的老师叶公超回忆,废名经常旷课。

废名是白话文学史上第一位朦胧诗作者。

因为梦里梦见我是个镜子,
沉在海里他将也是个镜子,
一位女郎拾去
她将放上她的妆台。
因为此地是妆台,
不可有悲哀。

这是废名的代表作《妆台》，富于诗味，却又极不可解，被刘半农批为"看不懂"。

成了周作人的私淑弟子

废名上中学时倾心文艺，在北大期间，废名先在胡适主编的《努力周刊》上发表诗歌与小说，引起文坛重视，后被周氏兄弟延揽至"语丝派"帐下，并因在《语丝》上发表《竹林的故事》成名，被认为是另一个沈从文。

1924年至1926年，鲁迅与陈源笔战，废名曾撰文帮助鲁迅。

1927年，张作霖攻入北京，鲁迅、胡适及语丝派主力纷纷南下，北京只剩周作人。因张作霖下令取消北大，与北京其他八所国立大学合为京师大学校，尚未毕业的废名愤而退学，在香山附近隐居写小说，因无收入，经常挨饿。

周作人知道后，邀废名来苦雨斋住，废名遂成"周门四学士"（俞平伯、江绍原、沈启无、废名）之一。

周作人是废名的恩师，但周作人也承认，经常看不懂废名在写什么，图为周作人

废名原本崇拜鲁迅、胡适和周作人,但因性格原因,废名与前两位始终无法达成默契,只有周作人最对废名脾气。周作人非常珍惜废名的才华,曾对媒体称自己的三大得意弟子为俞平伯、废名和冰心。

张作霖退出北京后,北大复课,废名同班的许君远、梁遇春等已找到工作,未再回校读书,也拿到了文凭,可成绩差的废名却不得不又上了一年,才算毕业。

废名性格自闭,少与别人交往,兼以学业无成,毕业后竟三年没找到工作。他给周作人写信说:"前日之来苦雨斋,是别有话说,座上有人,未说出。孔德学校,下学期,可由先生介绍给我月二三十元一教职否?(多了不要,少了也不成,最要紧的是一个'现'字)"

被鲁迅骂成"狗"

与周作人越走越近后,废名对鲁迅的评价有了变化。

1930年5月,废名与冯至编辑出版《骆驼草》周刊,在创刊号上,废名化名"丁武"指责鲁迅,认为鲁迅加入"左联"是"丢掉了自己"。鲁迅未予理睬。

1931年11月,在周作人极力推荐下,胡适终于同意聘废名为北大讲师。1932年11月,鲁迅在给许广平的信中说:"废名是他(周作人)荐为大学讲师的,所以无怪攻击我,狗能不为其主人吠乎?"

鲁迅与废名有一面之交,他和周作人反目后,曾讽刺废名是周作人的"狗"。图为鲁迅与日本禅学大师铃木大拙等合影(1934年5月10日摄于上海内山完造寓所前)

鲁迅曾写过一篇四百字的文章挖苦废名,但写完便扔掉了,许广平捡回誊抄,问可否发表,鲁迅答以"不要不要"。毕竟中间隔着周作人,鲁迅不想在报端上引发兄弟论争。

进北大后,废名的"怪"成了媒体争相炒作的题材。比如称废名曾爱上朋友的妻子,还写了一本诗集,却始终不敢表白。

再比如称废名好友袁家骅新婚,废名眼热,便把自己的妻子从家乡接来,结果夫妻矛盾不断,废名只好整天躲在袁家打麻将,为此他还创造出"三人战"的玩法,可每玩必吵,尤其是废名和袁家骅的妻子,常争得面红耳赤,而且第二天接着打。

据废名儿子冯思纯回忆，废名是包办婚姻，妻子缠足，但他们是亲戚，从小玩到大，感情一直不错。只是在北京期间，废名妻子与其他教授夫人往来有自卑感，不久便回老家了。

因讲新诗得罪胡适

当上北大讲师后，废名渐渐转运，1932年，他的长篇小说《桥》《莫须有先生传》出版，使他跨入著名作家行列。

主讲新诗前，废名问胡适怎么讲，胡适说就照《中国新文学大系》讲。该书诗歌部分由朱自清编选，契合了胡适的诗歌思想，但废名不以为然。胡适认为白话诗是"第四次诗体大解放"，而废名认为白话诗只是诗歌诸形式的一种，古诗中的很多境界，白话诗还表现不了。

理论分歧背后颇有玄机：胡适是白话诗首倡者，抬高白话诗的历史地位，等于抬高自己；而废名的诗偏晦涩，需与李商隐等人的古诗互参，所以强调古诗的审美价值。

废名在上课时，常先举胡适观点，然后再予以批驳，令胡适哭笑不得。

1937年初夏，废名的新诗课即将结束，胡适主编的《独立评论》上发了一篇题为《看不懂的新文艺》的文章，署名"絮如"，系梁实秋的化名。为掩人耳目，梁实秋在文中自称是中学教师。胡适在《编辑后记》中帮腔，称"现在做这种叫人看不懂的诗文的人,都只是因为表现的能力太差,他们根本没有叫人看得懂的本领"。

没想到,废名窥破了双簧戏,他上门找胡适吵架,被传为笑谈。废名后来抱怨说胡适很爱徐志摩,谁说他一声不好就不行。

梁实秋因撰文批评废名晦涩的诗风,导致废名与胡适大吵一架。图为青年时代的梁实秋与夫人程季淑合影

大家都是道听途说

"七七"事变后,废名只是讲师,不能随北大南迁,因而失业。废名交不起房租,只好寄住到雍和宫,恰在此时,母亲去世,虽周作人反复挽留,废名还是决定返乡吊孝,二人挥泪而别。

闲居两年后,废名在当地县小学当教员。一次,废名让学生以《枫树》为题写作文,结果多篇文章的开头是"我家门前有两株树,一株是枫树,还有一株也是枫树",废名十分奇怪,后来才明白,孩子们竟不约而同地抄了鲁迅的《秋夜》。

不久,废名受当地教育官员排挤,还和爱国乡绅于甘侯打了一架,从此辞职。

周作人出任伪职后,废名坚持认为"知堂老人(周作人号知堂)

还是爱国的",并撰联给周作人:微言欣其知之为悔,道心恻于人不胜天。周作人非常感动,写文章说:"废名太真率,只怕因我而受连累,甚至会吃亏。"

周作人要废名回北大教书,却被废名拒绝。

抗战胜利后,胡适招废名回北大,传说中的熊十力与废名斗殴,即在此时期,此事越传越邪,但据冯思纯回忆,熊十力当时单身住北

著名哲学家熊十力,以性格刚烈、古怪著称

大,雇一个男佣,他让废名父子在他那儿搭伙,吃得很好,废名还请熊十力为自己的父亲写了墓志铭。

据学者陈建军考证,1947年秋熊十力离开北京,怎可能1948年专程回来打架?连最早提及此事的周作人也承认,仅听人说,未曾亲见。熊十力、废名都是湖北人,嗓门大,争吵难免,斗殴则未必。

师徒同年撒手人寰

北平和平解放前夕,朱光潜曾问废名走不走,废名说你走我就走,结果二人谁都没走。

周作人保释出狱后,生活无着,故友避之如瘟疫,废名却为其募

捐，并解囊两万元相助，每到春节，废名必到周作人家中拜年。

不久，某大学教授在讲现代文学时，引了废名的作品，被校方辞退。1952年院系大调整时，杨振声、废名等被调到东北人民大学（今吉林大学），北大校领导说，那里需要人，去那里是有作为的。废名信以为真，兴冲冲去报到，结果半年没给安排工作。

1953年，废名在第一汽车厂参加义务劳动时，右眼视网膜脱落，从此失明，以后只能把书和稿纸放在特制木架上，昂着头用一只眼睛看书写作，勉强写完《跟青年谈鲁迅》。1956年，该书出版，但周作人看后，写信表示不满。

1957年12月14日，周作人日记中最后一次提到废名："外出购买《废名小说选》一册。"

废名曾与沈从文齐名，二人风格亦相近，但废名一生漂泊多病，中年后便不再写小说，空负了周作人对他的期望。

1967年5月6日，周作人逝于北京。同年9月4日，废名因癌症逝于长春。

齐如山为何刻意遮蔽张彭春

知道南开大学创办者张伯苓的人很多,知道他弟弟张彭春的人却不多。

张彭春是中国话剧创作第一人和中国话剧导演第一人,被著名剧作家曹禺尊为恩师。曹禺曾说:"他(指张彭春)是第一个启发我接近戏剧的人。"张彭春还是"新月诗派"命名人。1948年,张彭春任联合国人权委员会副主席,参与起草了《世界人权宣言》。

张彭春是天津人,但曾两度居留北京:1910年考取清华学校第二批庚款留学生,并与胡适、竺可桢、赵元任一起赴美留学;1923年9月,他又应清华之聘,来到北京,直到1926年6月辞职离开。

在京生活时间虽不长,但这段经历对张彭春一生产生重要作用。在北京,他与胡适、徐志摩、陈源等密切往来,同时受胡适、徐志摩影响,喜欢上了京剧,对梅兰芳的表演赞赏有加,这为他后来参与梅兰芳访美埋下伏笔。

一切事情都是我筹备的。

1930年,梅兰芳访美,取得巨大成功,在《梅兰芳游美记》中,"梅党中坚"齐如山先生这样写道。

一般认为,正因齐如山"培养和扶持",才成就了梅兰芳,双方合作二十余年,号为"齐梅"。康有为大弟子罗瘿公曾说:"梅郎妙舞人争羡,苦心指授无人见。"甚至有人称:"没有齐如山,就没有梅兰芳。"

然而,访美归来后,齐如山与梅兰芳渐行渐远。

1935年,梅兰芳访苏,这是京剧走向世界的又一里程碑,齐如山却未同行。在《齐如山回忆录》中,齐如山依然声称"都是我筹备的",自己"因他故未去",只字未提此行担纲总导

著名剧作家齐如山先生

演的张彭春,在《梅兰芳游美记》中,齐如山也很少提到张彭春。

由于种种原因,后人对张彭春了解不多,在齐如山的曲笔下,一段史实几乎被遮蔽。

他写出了中国第一个话剧剧本

张彭春(有时写为张蓬春)祖籍山东,1892年生于天津,是张久庵(教育家、戏剧家,擅琵琶,被称为"琵琶张")的次子,兄长为著名教育家、创办南开大学的张伯苓。

张彭春比张伯苓小十六岁,乳名"五九",因出生时张久庵已五十九岁,张彭春继承父亲爱好较多,年长后被尊称为"九先生"。

1904年，严修与张伯苓创建私立敬业中学堂（南开中学前身），张彭春为第一届学生。1910年，张彭春考取第二批"庚款留学生"，成绩排名第十（平均分为六十七分），高于胡适（第五十五名）。张彭春与胡适、竺可桢、赵元任等七十一人同期赴美，1915年，获哥伦比亚大学硕士学位后回国，在南开大学工作三年，再度赴美，拜在杜威名下，1923年获得博士学位。

著名学者、作家、教育家张彭春先生

张彭春学的是哲学与教育学，却喜欢戏剧，留学时常去百老汇观剧。一些版本的《中国现代文学史》称胡适1919年发表的《终身大事》是中国第一部话剧作品，其实胡适在1915年2月日记中写道："仲述（张彭春字仲述）喜剧曲文字，已著短剧数篇。近复著一剧，名曰：The Lntruder（《外侮》），影射时事，结构甚精，而用心亦可取，不可谓非佳作。吾读剧甚多，而未尝敢自为之，遂令仲述先我为之。"

《外侮》用英语写成，讲述了富家唐氏三子腐化，几被外人夺去家产，幸被排挤到农场劳动的四子归来，才化解危机。该剧影射"二十一条"事。1955年，胡适重读该剧，仍万分感慨："发现它有如情节剧式的警世寓言，每个人物都是一个样板。"

1915年，张彭春又用英语写完《灰色人》，并公开发表。

他是中国第一位话剧导演

第一次留学回来后,张彭春任南开大学新剧团副团长,1916年,他将自己创作的《醒》搬上舞台。

1918年10月,张彭春导演了自己创作的《新村正》,刻画了一个坏事干尽反而当上村正,愚昧的村民们还给他送上"万民伞"的恶霸。剧作家宋春舫称该剧"把吾国数千年'善有善报、恶有恶报'的两句迷信话打破了",胡适认为该剧标志着中国戏剧从文明戏过渡到话剧。

早年张彭春(右一)、张伯苓(右二)与家人合影

文明戏类似今天的小品,初期有京剧唱腔,对话用京白,后渐渐放弃唱腔,以口语对话,但仍取"明星制",即靠个别演员即兴表演招徕观众,导演被认为是"多余的"。

张彭春则取西方话剧的"导演制",他说:"我们剧团里面没有'明星',各个演员都是主角。"

"导演制"规范严格,南开学生、后被称为"电影皇帝"的金焰曾说:"彭春老师排戏严格极了……一进排演场,他什么都预先规定好了。无论是台词或是台步,甚至于台词的轻重音。这和我后来到上海参加田汉领导的南国社拍戏时可以即兴表演,演出时甚至还允许自由发挥,完全是两回事。当时我想,看来张彭春是另有所师的。"

南开新剧团副团长张彭春(右)与南开新剧团创始人张伯苓

张彭春因此被认为是中国话剧导演第一人,陈省身先生曾说:天津是值得骄傲的,在戏剧的萌芽时代,产生了彭春先生和弘一大师李叔同。

徐志摩说只有一个人在行

1923年9月，张彭春出任清华教务长，因喜欢泰戈尔的《新月集》，给自己二女儿起名"新月"。徐志摩成立文学社后，迟迟定不下社名，张彭春以"新月"二字相赠，新月派即由此来。

1924年4月，泰戈尔访华，恰逢六十四岁生日，新月社排演了泰翁诗剧《齐德拉》，徐志摩、林徽因出演，梁思成任舞美，导演便是张彭春。徐志摩说："我们几个朋友只是一般的空热心，真在行人可说是绝无仅有——只有张仲述一个。"

1925年，十五岁的曹禺加入南开新剧团。1926年，张彭春辞去清华教职，回到南开，排练《国民公敌》时，见曹禺身材矮小，便拉去充任女角。曹禺后来回忆说："当时的风气，男女不能同台。我在中学时多半扮演女角色。"

没想到，天津军阀褚立璞误认为《国民公敌》剧名有"政治宣传作用"，下令禁演。1928年，为纪念易卜生百年诞辰，此剧改名为《刚愎的医生》，得以面世。"连演两天，每次皆为满座"。

1929年，张彭春又让曹禺在高尔斯华绥的《争强》中演董事长，并参与剧本改编，这对曹禺后来创作《雷雨》产生影响。

1929年12月，张彭春赴美讲学，临行前，将一套英文版《易卜生全集》送给了曹禺，曹禺老同学、学者杨善荃先生说："是张彭春把曹禺培养出来的。"

齐如山的妙招没啥用

对于梅兰芳访美,齐如山称是他多年筹划的结果,妙招有二:

其一,广交各国朋友,几年间梅家接待外宾八十多次,招待人数达六七千人,"所以他们回国后,都常来信联络感情,对梅君赴美一层,尤其热心"。

其二,齐如山雇两名美国通讯员,"每月酬以微资,让他们时常与美国各报馆通信,在每封信里,更附上梅君一两张相片,这种宣传法也颇生效力"。梅兰芳照片洗印费即达四五千元,刊发过梅兰芳消息的美国杂志约有三十余种。

但从实际看,齐如山妙招的作用不大。

据孟治博士所著《六十年之追求》称,当时美国人对京剧并不认可,"他们认为花钱欣赏如此喧嚣的打击乐和刺耳的假嗓音,真是有点莫名其妙"。《纽约时报》亦曾评论:"梅氏扮成个女人,但全身只有脸和两只手露在外面,对于在海滩上看十二万只大腿才过瘾的纽约人,能对这位姓梅的有口味吗?"

邀请梅兰芳赴美的是华美协进社。1919年杜威访华时,颇受中国大学生追捧,杜威惊叹:中国学生英文程度很高,美国学生汉语程度太差。张彭春便与胡适、张伯苓、梅贻琦、孟禄于1926年共同发起的华美协进社邀梅兰芳访美,因张彭春认为,美国人喜欢的歌舞剧与京剧有相通处。

原计划安排在1930年9月至1931年5月，因此前百老汇剧场已被预订一空，但梅家坚持在2月，华美协进社反复去信解释，称梅兰芳在美国影响力尚不到可以挑选剧场和档期的程度，但为梅兰芳算命的人认为，马年正月大吉。最后，"梅党"钱袋子、银行家冯耿光表示全程资助，不计票房，梅兰芳始成行。

梅兰芳总向着张彭春

梅兰芳到美国后，恰好张彭春在美讲学，第一场半官方演出，梅兰芳表演了《千金一笑》。结束后，张彭春去后台探望，梅兰芳问："今天的戏，美国人看得懂吗？"张彭春说："不懂。因为外国没有端阳节，晴雯为什么要撕扇子，他们更弄不清楚。"

梅兰芳大吃一惊，握住张彭春的手说："请您帮忙重新组织安排一下。如果我失败了，中国文艺界也没有光彩。"张彭春说他是南开大学派到美国来讲学的，无法陪梅巡回演出，梅兰芳马上托冯耿光找张伯苓，替张彭春请假。

张彭春根据美国观众的特点，将演出时间压缩为两个小时左右，重新组织了剧目，演出前，张彭春正装登台，先用英语为观众讲述一番剧情，并说："中国京剧是古典戏剧的精华，只有最聪明而有修养者才能欣赏。愚蠢者则听不懂，他们是难以久坐的。"以防有人中途退场。

在巡演过程中，张彭春为梅兰芳大量介绍西方戏剧，拓展了梅兰

芳的视野。齐如山与张彭春常发生争论，但梅兰芳总是采纳张彭春的意见。

与其他"梅党"成员不同，齐如山没正式工作，常年不离梅兰芳左右，难免夸大自己的作用。梅兰芳在《舞台生活四十年》里一直强调自己的新戏是"集体合作的热心朋友"编创的，齐如山只是"经常担任起草打提纲"的工作。

齐如山的最大贡献，在于让梅兰芳认识到文化修养的重要性，可与张彭春相比，齐如山的文化修养又明显不足，渐被梅兰芳疏远，所以齐如山在文章中刻意少提张彭春。

一生兴趣在现代化

1935年，梅兰芳访苏联，邀张彭春助力，此时他与齐如山已成陌路。

1948年，张彭春出任联合国人权委员会副主席，参与起草了《世界人权宣言》，成功地调解争端，将儒家观念也置于人权的框架中，人权委员会主席艾琳娜·罗斯福（当时美国总统罗斯福的夫人）说："张彭春给我们大家都带来了极大的欢乐，因为他具有幽默感，从哲学的角度考虑问题，几乎在任何场合他都能够引述机智的中国谚语来应对。"

中华人民共和国成立后，张彭春仍在台湾任要职，梅兰芳在著述中只好不提张彭春。

1957年7月19日,因心脏病发作,张彭春逝世于美国新泽西州,终年六十五岁。

张彭春曾说:"个人三十多年来,有时致力于教育,有时从事外交,有时也研究戏剧,表面上看起来,似乎所务太广。其实一切活动,都有一个中心兴趣,这就是现代化。"

梅兰芳绑票案仍迷雾重重

梅兰芳绑票案是老北京的一桩影响颇大的刑事案,相关报道、记录甚多,重新翻看历史资料,会发现它们彼此矛盾,案件细节至今难明。

一方面,梅兰芳是名人,人们难免添油加醋,当时的媒体为了销量,也在推波助澜。在理解名人事件时,人们常有一种心态,认为其背后必有"内幕"。为挖"内幕",人们常将自己的偏见、误会、刻板印象等加入其中,编造出一个貌似逻辑自洽的"解释",给人以误导。

另一方面,当时的社会治安不佳,在使馆区与老城区之间,存在"北平恶土"。这里有许多酒吧、妓院,流亡到中国的白俄和本地闲散人员在此谋生,孳生了黑恶势力,从而遮蔽相关信息。

随着时间流逝,今天我们已无法完全还原这段历史的原貌,但依然要做还原的工作。这不仅对理解老北京文化有帮助,也是一个祛魅的过程:只有在还原中,我们才能看到,所有人都是具体的人,有他们切实的困难与焦虑,他们留下身影,多是基于具体的需要,未必有特别成熟的考虑,这才是历史演进的本然逻辑。

昨夜冯耿光在宅宴客,梅兰芳在坐,忽有李姓西装男子到,请见梅,谓母丧告帮。梅以突兀,托同座张鹏招待,并陪李赴伊住处,查看是否母丧。张同李汽车行，至中途，李出手枪，谓本人意在索梅巨款，强张开回冯宅见梅，要五万，后讲到二万。但冯已通知军警，包围该宅。李拉住张鹏不放，军警上捕，李将张一枪中肋，又放枪中侦缉兵吉禄，李亦受伤被逮。即送宪兵司令部，将头切下，挂于九条胡同，张鹏今晨伤重身故。

这是1927年9月16日《申报》所刊新闻，同日天津《大公报》、北京《晨报》均有大幅报道，是为轰动一时的"梅兰芳绑票案"。

此案影响甚巨，但至今细节难详。如：

案犯真名，一说王惟琛，一说刘学曾。

案发地点，一说在无量大人胡同梅兰芳宅（今属金宝街），一说在东四九条冯耿光宅。

案发原因，一说是情杀，刺客是孟小冬忠粉，因孟嫁梅兰芳，由妒生恨；一说只为谋财。

至于该案中横死者张鹏（字汉举），一说他曾出卖邵飘萍，致其死亡，此为天道往还；一说他是"北京很有名望的一位绅士"，因其身后凄凉，坊间对梅兰芳颇有微词。

更有人说，梅兰芳因此举家迁沪（梅兰芳1933年迁沪，与此事无关），孟小冬亦因此与梅兰芳分手

报人张鹏（字汉举）

（梅兰芳孟小冬分手于1931年，与此事无关）……

时光已滑过九十多年，此案仍有重读空间。

粉丝突然变劫匪

1927年9月14日下午，一名二十岁左右青年男子到无量大人胡同梅兰芳宅，自称是梅粉，求面见。

梅兰芳清末已成名，与普通演员喜结交权势人物不同，梅兰芳更愿与学子往来。他十八岁时便得张庾楼、张孟嘉、沈耕梅、陶益生、言简斋等京师大学堂译学馆学生追捧，并受冯耿光、舒石父、吴震修、穆儒丐等留日生关注。

梅兰芳对粉丝持礼甚卑，肯登门者，往往亲迎。但这天晚上梅兰芳要去冯耿光处聚会，友人和冯耿光都在梅家客厅中准备出发，梅兰芳便夹杂在人群中，离家而去，男子亦没认出来。

男子一直等到晚八点，见梅家汽车开出，便雇黄包车跟至冯耿光家。冯家仆役阻拦，男子自称名李志刚，有急事请梅兰芳帮忙。梅兰芳不愿见，座中张汉举（张鹏）便代他出面。

李志刚称母亲与梅兰芳有旧，已去世数日，无钱下葬，请梅兰芳帮忙。李志刚跪在地上，呈上求助信。张汉举将信交给梅兰芳，几人读后均表同情，当场凑了二十元，李志刚嫌少，增至五十元，他仍说不够。

张汉举担心有诈，想登门看看是否有丧，李志刚说家住在东斜街

（近今之灵境胡同，距冯耿光宅三十分钟车程）。张汉举觉不远，可以立即登门查看，李志刚却借口还没吃饭，不便回家，冯耿光家立刻备出四菜一汤。

无量大人胡同中梅兰芳宅的客厅

饱餐后，李志刚与张汉举、汪吉麟（著名画家，是梅兰芳的绘画老师）乘张的汽车到了东斜街。下车进窄巷后，李志刚突然拿出手枪，以二人为质，要求一起返回冯耿光宅。

眼看成功却险遭撕票

回到冯耿光宅，李志刚从衣袋中取出事先写好的"借款书"，交给冯耿光的家仆，要梅兰芳交五万元赎人。

梅兰芳此时已离开冯耿光家，冯耿光忙凑了五百多元，交给李志刚，李志刚嫌少。冯耿光忙给梅兰芳打电话，当时电话均有军警监听，警方立刻派出几十名密探，处长朱继武亲自上阵。

朱继武装扮成冯家用人，与李志刚搭讪，趁李志刚转身，朱继武自恃力大，上前抱住其腰。李志刚举枪连射两弹，一弹击穿朱继武的衣袖。朱继武慌忙逃走，汪吉麟也趁机逃脱，张汉举仍被李志刚

名士 斯文风雅

冯耿光（右）与梅兰芳

控制。

听到枪响，冯耿光翻墙逃走，院外密探以为是刺客，上前盘查，冯耿光则以为他们是绑匪，抬手便打。冯耿光曾留学日本，毕业于士官学校，与蔡锷、蒋百里、唐在礼、何应钦等是校友，因与冯国璋有私交，当上中国银行总裁。冯耿光将众密探击退后，乘人力车赶至梅兰芳家。

梅兰芳凑了五千元，派人去赎张汉举，被李志刚拒绝，最后商定两万元赎人。第二天早七点，冯耿光从中国银行中调出现款，均为五元、十元的零票。李志刚让警方将一辆汽车开到冯宅大门口，挟张汉举出门时，张汉举拍手示意，密探纷至。李志刚大怒，两枪击倒张汉举。李志刚继而向警员射击，共打了八十多发子弹，伤一人。后李志刚因腰部、胸部中弹，被警方活捉，在送往警局路上死亡。

警方送张汉举医院急救，张汉举临终前说："我家里有老有小，以后请冯六爷（即冯耿光）代为照料。"

凶手还偷过自行车

对于凶手，坊间传闻极多，甚至说成是李垣（时任京兆尹，相当于市长）之子。有媒体称，凶手首级悬于东四九条电线杆上，"人群中曾有一面蒙头的少女，望着人头唏嘘不止"。

袁世凯女婿薛观澜与梅兰芳相邻，亲历此案。他说此案是情杀，凶手本名王惟琛，是王达（1915—1924年曾任京兆尹）之子，毕业于

北京朝阳大学,是孟小冬的忠实粉丝。案发前一年,在张汉举等人撮合下,孟小冬嫁给梅兰芳,但梅兰芳已有家室,二人遂在冯耿光宅同居。

薛观澜的说法有几点对不上:

其一,案发在冯耿光家,薛观澜却说在梅兰芳家,两地相距三公里。

其二,李志刚操天津口音,而王达是安徽泾县人。

其三,薛称王惟琛文质彬彬、面色惨白,但戏曲界前辈吴文漫在报上见过李志刚的首级照片,称"胖胖的脸、大块头,十分可怕"。

其四,梅兰芳两度在李志刚面前走过,李志刚均没认出来,岂有这么当情敌的?

据1927年第一期《坦途》杂志披露,警方派密探雷恒成赴津查访,找到曾与李志刚密切往来的妓女花金英,花金英出示其名片,知李志刚本名刘学曾,字省三,河北滦县人,乃"着洋服能操英语之一美少年"。

花金英说:"闻其伯父在上海经商,在天津似有母住在河北。"雷恒成称行凶手枪款式"极旧",应为抢劫案。

据《北洋画报》1927年第一百二十七期报道,学生时代刘学曾"行为甚为浪漫,有外号曰大姐姐。为人不甚聪明,于民国十二年(1923年)间,因窃取魏姓同学之自行车而被开除"。

除了名片,雷恒成无其他证据,有人疑其找了个替死鬼,以掩大官之子犯罪。

张汉举办报靠三宝

张汉举死后,媒体反响不大。

著名报人包天笑说:"他(指张汉举)有三件法宝:一、是一座宽大的房子;二、是有一辆汽车;三、是他有一位黑市夫人。"

大房子是为了接待各省到北京的镇守使、巡阅使等"武人","哪一天到北京来了,他便要到车站去迎接"。

汽车也是为接军阀,当时北京的"总长阶级,也不过坐一辆马车,阔一点的坐双马车"。

黑市夫人是八大胡同出身的"窑变"(妓女升格为夫人),她"带来了一位父亲,能办筵席的厨子……招待贵宾,不必上馆子"。

每次招待完,张汉举便开腔:"我这个报,已经赔贴了不少哩。为了宣传主义文化事业,总是要硬挺下去。不过我的报是持论公正的,上峰每日都要观看的,您大帅能赐予一点津贴,感且不朽!"

坊间称张汉举为"张夜壶",一则有口臭,二则矮胖,三则常出入八大胡同,满口脏话。其实"夜壶"也可能是其笔名"野狐"的谐音。

张汉举本是安徽寿州人,兄弟有死于辛亥革命者,先在上海接办《小春秋》报,后到北京接办陆宗舆的《大陆报》(后改名《大陆晚报》)。

张汉举主张"办报不骂人",他说:"与其骂人使人不欢,何若恭维使人愉快。不欢而出资,是为'竹杠',恭维而出资,是为乐

输。恭维一次而不得者,再之三之,虽顽石亦可点头。"

当时北京有报馆五十多家,包天笑说:"张汉举是在北京以帮闲驰名的,不想帮到梅兰芳那里,做了一个替死鬼。"

背上出卖邵飘萍的黑锅

同行冷淡,因张汉举背着黑锅。

1926年4月18日,张作霖先头部队(张宗昌部)入京,悬赏缉捕《京报》创办者邵飘萍,邵飘萍躲入租界的六国饭店。张作霖以两万元赏金加造币厂厂长之职收买张汉举。张汉举与邵飘萍旧交,谎称已和张学良疏通,不再追究邵飘萍,《京报》可复刊。邵信以为真,离开租界,遭警方逮捕,"严刑讯问,胫骨为断",翌日凌晨被处死。

然而,据凭灵在《张汉举与邵飘萍》(载于1927年9月28日《京津画报》)中称,张汉举与当时京师警备总司令王翰鸣极笃,好友叶某为帮邵飘萍,拉张汉举与邵飘萍聚餐。张汉举太忙,饭后才到,只闲谈一番,张汉举说:"新闻记者之党同伐异,为饥寒所驱,某帅岂不解此?"

凭灵说:"邵(飘萍)之为人,精练百倍于张(汉举)。""张之素喜为不负责任之言,邵更夙知,若谓邵因张有此数语,而放胆外出者,实不知邵。"

张汉举与张宗昌曾通谱(即结拜兄弟),张宗昌回京后,因姨太太与人有染,迁怒到张汉举头上。邵飘萍被杀几天后,张汉举被捕至济南，几个月后才被释放。1926年5月，记者雷音在《奉系军阀统治下的北京》中写道："京报社长邵飘萍君，被奉军枪毙；大陆晚报记者张鹏被监视；中美晚报宋发祥，世界晚报成舍吾，均被迫逃走。"

邵飘萍被捕后，北京报业代表往求张学良，张学良说："逮捕飘萍一事，老帅和子玉（吴佩孚）及各将领早已有此种决定，并定一经捕到，即时就地枪决。"

可见，杀邵飘萍早有预谋，与张汉举未必有关。

身后事谁人知

1927年9月28日，《北洋画报》公布梅兰芳给"梅党"评论家张豂子的信，称："平日初不吝施，岂意重以殃及汉举先生……澜（梅兰芳自称）之实况，先生知之较深，正类昔人所言盛名之下其实难副，此时岂有置喙之地？已拟移产，以赒张公，惟求安于寸心，敢邀中于公论。"

梅兰芳将一处私产给了张汉举遗族，并给葬仪六千元。1930年《上海画报》第六百四十四期报道，张汉举身后有三妻一子一女，原配带子女在老家农村，两姿名绿音、兰君，都是"窑变"。绿音说兰君已改嫁一刘姓男子，自己生活窘迫，三次给梅兰芳写信，未回复，"数躬造梅氏之门，咸遭佣人白眼"。

1930年1月，梅兰芳率剧团赴美，7月才回国，《上海画报》的报

道可能别有用心。

张汉举生前"善交际，与买卖九六公债和各银行、银号经纪人常有勾搭，因此手头颇充裕"。张家很大，据吴文漫回忆："当我十三岁时，我养母曾带我去张家赴宴。记得房子很大，真好比进了大观园。他家小孩甚多，带我各处玩耍，尤其在花园里的大花厅玩的时间最长，所以至今印象很深入。"

张汉举去世前，杨度为营救李大钊，出卖私宅"悦庐"，张汉举以四千五百大洋低价得手。

值得一提的是，劫案后期重要警员雷恒成系清室远亲，清末留学日本，回国后供职京师警察厅，参与逮捕李大钊，李大钊的勃朗宁小手枪被雷据为私有。雷性情残暴，人称"雷锤子"，后投日伪，1953年4月被枪毙。李志刚是不是刘学曾，已无从对证。

第三辑

鉴风流真假

高长虹是鲁迅的"情敌"吗

1912年5月,鲁迅来到北京,任职于北洋政府教育部,时年三十岁。

在日记中,鲁迅记下在北京第一夜的感受:被臭虫叮咬,无法入睡,只好躺在桌上,凑合了一晚。

鲁迅在北京住过四个地方,即:绍兴会馆(南半截胡同7号)、八道湾11号、砖塔胡同61号、阜成门内宫门口二条19号。

到北京前,鲁迅没想过靠写作养活自己。1913年,鲁迅在上海的《小说月刊》上发表过文言小说《怀旧》,影响甚微。1918年5月15日,《新青年》刊发了《狂人日记》,使鲁迅声名鹊起,此时他已三十六岁。

鲁迅成名后,曾努力营造一个圈子,所以在任官之外,付出大量时间与精力去编杂志、出书、授课,吸引了高长虹等"文学青年"投靠,却因人际纠纷,最终崩溃。

表面看,纠纷是由一系列误会造成的,但深入去看,这个圈子缺乏合理运营机制,全靠热情与信念来维持,自然难以持久。

这番经历发生在北京,从中颇能体会出当时北京文化的特色。

我这才明白长虹原来在害"单相思病",以及川流不息的到我这里来的原因,他并不是为了《莽原》,却在等月亮。

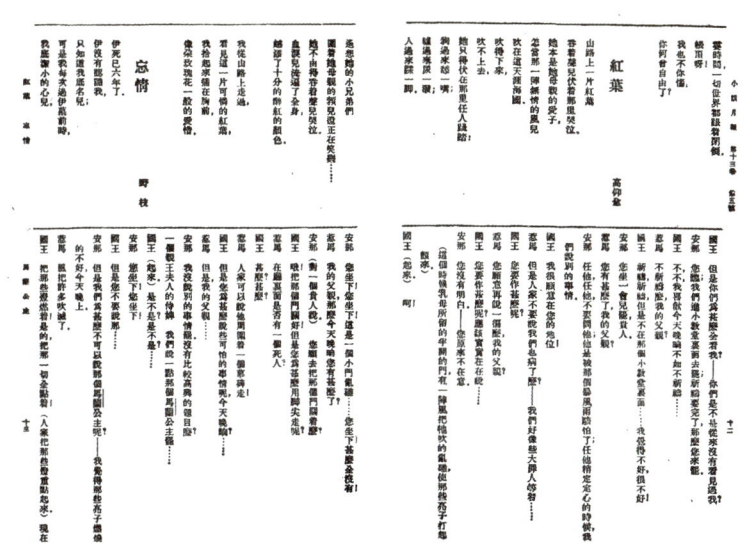

这是高长虹在《小说月报》1922年(第十三卷,第五期,77—78页)上发表的诗歌,使用的是真名高仰愈

1927年1月11日,鲁迅在给许广平的信中,这样谈到高长虹。所谓"月亮",出自高长虹的诗,被认为是暗指许广平。1933年4月,《两地书》出版时,此信经修改后收入其中。

1926年8月底,鲁迅、许广平南下结合,昔日密友兼弟子的高长虹突然翻脸,一度还发文咒骂"《坟》的作者还没有死吗"。在这封信中,鲁迅指明原因:高长虹暗恋许广平,正在吃鲁迅的醋。

一直以来,此说流传甚广,被认为是定论,但事实真的如此吗?

鲁迅在高长虹面前大醉

1924年冬,二十六岁的高长虹带着自己编的几份《狂飙》周刊,登门拜访四十三岁的鲁迅。

1923年,高长虹在山西与同乡组成狂飙社,以模仿歌德的"狂飙突进运动",后高长虹来京,狂飙社范围扩大。《狂飙》周刊问世后,因作者多是新人,且偏重时评,文坛反响寥寥,没想到鲁迅看后,却在一次酒局中给予极高评价。

趁此机缘,高长虹主动靠向鲁迅。

鲁迅成名晚于周作人,因《新青年》而成文坛领军人物,后与同道渐行渐远,此时也有培植青年、另立门户之意。瞩目高长虹,因其写作速度快、有个性,既善创作,又能评论。

对高长虹,鲁迅异常包容。成仿吾曾批评《呐喊》,鲁迅始终记仇,说成仿吾要"毁了我",但高长虹赞同成仿吾的观点,鲁迅却不以为忤。高长虹有时也批评鲁迅作品,鲁迅从不争辩。许广平曾给鲁迅投稿,鲁迅一直压在抽屉里,后来请高长虹看,高长虹觉得不错,方予发表。

鲁迅结识高长虹不久,便请他来编

高长虹于1929年赠予夫人的唯一留照

《莽原》周刊，附《京报》出版，鲁迅在日记中写道："夜买酒并邀长虹、培良（向培良）、有麟（荆有麟）共饮，大醉。"

"霍邱帮"与狂飙社的冲突

编辑《莽原》，高长虹出力最多，前后八个月，每周必至鲁迅家送校样终审，所以鲁迅说他来了"一百多趟"。

《莽原》周刊共发稿二百三十七篇，狂飙社成员发稿多达八十五篇，高长虹自己就有二十七篇。

1925年3月到5月，李霁野、韦素园等先后拜访鲁迅，他们同为安徽霍邱人，当时虽无文名，却专注于翻译，正好补足鲁迅旗下作家群的短板，得到鲁迅重视。

"霍邱帮"的崛起引起狂飙作家群不满，高长虹初期尚以大局为重。韦素园下岗时，欲谋《民报》副刊职位，鲁迅亲自说情，高长虹全力帮助，没想到在沟通中发生误会，引起鲁迅、韦素园等猜疑。韦素园入职后，写信向高长虹索稿，语气倨傲，

《莽原》周刊第一期，该周刊停刊后，鲁迅又推出《莽原》半月刊，高长虹不再参与编辑工作。周刊的刊头用字是高长虹选择的

被称为"未名四杰"的韦丛芜、李霁野、韦素园、台静农,他们都是安徽霍邱人,被称为"霍邱帮"

高长虹极为不快。

《莽原》同仁均无稿费,鲁迅为补偿高长虹的辛苦,为他每月讨了"十元八元","霍邱帮"知道后,觉得不公平,一度集体不再给《莽原》投稿。

1925年11月27日,《京报》删减副刊,《莽原》周刊暂停,后改为半月刊,鲁迅仍请高长虹编,高长虹坚决不干,不久便去了上海,鲁迅只好自己编。

因退稿导致矛盾激化

1926年8月,为与许广平结合,鲁迅离开北京,将《莽原》交给韦素园编。

没想到,韦素园一上来就退了高歌和向培良的稿,二人皆为狂飙社中坚,向培良的作品又是约稿,韦素园却借口它已出书,不宜再刊。向培良大怒,写信向高长虹抱怨,高长虹给鲁迅写信,要他主持公道。

鲁迅此时正在烦恼中,他离京前,韦素园私下传了无数八卦,致谣言漫天,加上狂飙社与"霍邱帮"常有纠纷,鲁迅没心思掺和。

韦素园接手《莽原》后,一改原有锋芒,更偏文艺,高长虹早已不满，认为它已成"研究系"的吟风弄月，见鲁迅不回应，高长虹便发表了《给鲁迅先生》《给韦素园先生》两封公开信。

在信中，高长虹怒斥韦素园："《莽原》须不是你家的，林冲对王伦说过：'你也无大量大材，做不得山寨之主。'"对于鲁迅，高长虹相对客气，但鲁迅仍不表态，鲁迅后来写道："素园在北京压下了培良的

诗人、翻译家韦素园

稿子，却由上海的高长虹来抱不平，要在厦门的我去下判断，我颇觉得是出色的滑稽。"

鲁迅不回应，激怒了高长虹，他接连发表多篇文章恶骂鲁迅，鲁迅越不出声，高长虹骂得越欢。

高长虹只见过许广平一面

对高长虹的翻脸，鲁迅深感诧异，恰在此时，韦素园去信称，他听与高长虹相熟的作家说，高长虹在暗恋许广平，证据是高长虹在《狂飙》周刊上发表的诗《给——》，其中有"我在天涯行走/太阳是我的朋友/月儿我交给他了""带她向夜归去/夜是阴冷黑暗/他嫉妒那太阳/太阳丢开他走了"。

据称,"黑夜"是鲁迅,"月儿"是许广平。很快,鲁迅给韦素园回信,说"虽然我也许是'黑夜',但并没有吞没这'月儿'"。

其实,韦素园与高长虹的矛盾人所尽知,高长虹的熟人怎可能告诉韦素园如此机密的事?这显然说不过去。

高长虹与许广平早有书信往来。1925年3月1日,高长虹的诗集《精神与爱的女神》出版,轰动一时,许广平写信向他购书,此时她刚开始与鲁迅书信往来。许广平怀疑《莽原》上高长虹的《棉袍里的世界》是鲁迅化名写的,鲁迅回信向她介绍了高长虹,并说他"很能做文章"。

高长虹、许广平曾通过七八封信,还在鲁迅家见过一面,此时鲁迅与许广平尚未公开关系,但高长虹察觉出有些异样,便主动停止了书信往来,双方通信加起来不到五个月。接触如此之少,高长虹不大可能暗恋许广平。

"月儿"只可能是石评梅

《给——》是组诗,如果说"月儿"确有所指的话,也只可能是石评梅。

石评梅与高长虹都是山西人,石父曾与高长虹为同事,对其才华极为欣赏,力促二人婚姻,但石评梅远在北京求学,无法落实。

高长虹到北京后,石评梅已被公认为高君宇的恋人。高君宇也是山西人,曾与高长虹上同一所中学,高长虹不好插足,但高君宇在乡下有妻室，故几次向石评梅求婚，均遭拒绝。高君宇因病去世后，石评梅追悔莫及，立下终身不嫁的誓言。

石评梅女士之送殡者

高长虹写过一篇小说《革命的心》，将石父、石评梅、自己都放了进去，为劝女主角放弃独身主义，男主角讲了许多人生道理。高长虹小说结尾都是消极的，只有这篇比较"积极"——女主角被最终说服，投入男主角怀中，说："从今天起，连我的身体，都永久地，永久地是你的了！"

石评梅女士之灵柩

遗憾的是，现实远没有这么积极，直到石评梅几年后病逝，高长虹也未如愿，而《给——》系列与《革命的心》写于同期。

高长虹为人质直，他曾暗恋冰心，朋友皆知，如果他真的暗恋许广平，必会有所透露，但高长虹的友人均否认此说。

1930年，高长虹东渡日本，后因"九一八"事变，愤而赴欧，一

《沙漠画报》1941年第四卷第十四期第二十四页上刊载的石评梅与庐隐的合影

石评梅像

度生活困顿,后与法国作家巴比塞交好,在其主编的周刊上发表过小说。"七七"事变后,高长虹回国支持抗战。在重庆,他建议作家集体捐款,以购买三十架战机,有人挖苦他"最后说了一次狂飙式的梦话"。

与鲁迅一样只活了五十五岁

1941年,高长虹奔向延安,受到热烈欢迎,但他拒绝在文艺部门任职,称已转向研究经济学,当时延安无法研究经济学,高长虹只好赋闲。艾青说,没参加文艺座谈会的延安作家,高长虹是唯一一个。

日本投降后,文艺工作者被分派到各解放区,高长虹后来要求去东北,说是要去找金矿,促进经济。在东北,因常用外语背诵拜伦、雪莱、高尔基等人名作,高长虹被当成精神病。1949年,高长虹住进沈阳东北大旅社,曾给郭沫若、何其芳写信,要求工作,但未见回音。

1940年,高长虹在《一点回忆》中,曾回顾他与鲁迅的恩怨,坦承:"有过一番争执,不过以后我们就都把它忘记了。1930年以后,他的光明的行动,我在国外也常为之激赏、庆幸。"

在文中，高长虹坚持认为，一切冲突皆因韦素园退稿引发，可区区小事，高长虹为何如此计较？且为何要迁怒到鲁迅头上？一是当时文人崇尚犀利，鲁迅与高长虹都把写文章称为"骂"，只求痛快，不顾后果；二是高长虹人格有缺陷、情商不足，他高中未毕业，靠在大学旁听和自学成才，内心有自卑感。高长虹在公共场合常沉默寡言，容易反应过激。

当时文青欲向上发展，无非留学、跟名家两途，眼看已跟不了鲁迅，不如破罐破摔，结果造成鲁迅与韦素园等也日渐疏远。高长虹虽有所得，但留下恶名，他的白话诗成就较高，却很少被后人提及。

1954年春，高长虹突发脑溢血去世，享年五十五岁，与鲁迅同寿。

老舍与赵清阁,落叶无限愁

老舍先生是北京土生土长的作家,在北京生活了四十多年。

老舍生在小羊圈胡同(今改名小杨家胡同),一直生活到十四岁,后考入京师公立第三中学(即今天的北京市第三中学),该校在祖家街(后改名为富国街),老舍因家贫,只读了半年,后转入免费的北京师范学校,在西四北翊教寺13号(今平安大街的一部分)。

毕业后,十九岁的老舍在方家胡同小学任教。不久,被提升为郊外北区劝学员,因遭上级申斥,老舍先生大病一场,在西山卧佛寺养病,以后离开劝学所,在京师儿童图书馆任管理员,并暂住在那里,同时在西四缸瓦市英文夜校补习,后留学英国。

留学英国期间,老舍先生尝试过现代派、意识流等写法,不久转向"京味"。

1949年后,老舍回到北京,创作出《茶馆》《正红旗下》等名著。少有人知的是,当年老舍之所以回国,主要是受赵清阁影响。回来后,老舍在北京,赵清阁在上海,老舍去世时,赵清阁没得到相关信息。

赵清阁晚年逝于北京。

老舍是北京人的骄傲,在他身上,体现出老北京文化的最闪亮的部分。

"孤身一人的老舍与单身女作家赵清阁之间,有一段不容后人亵渎以对的感情经历。"这是诗人邵燕祥写下的话。

赵清阁是河南信阳人,是现代文学史上第二代女作家中的佼佼者,还是编辑家、画家。她擅长戏剧创作,年长一点的读者应该还记得,20世纪60年代香港长城电影公司曾推出《凤还巢》,轰动一时,编剧即为赵清阁。

作家林斤澜说,赵清阁与老舍之间的事是"公开的秘密",但赵清阁晚年出版的五部回忆文集中,没有一篇提及老舍。赵清阁曾向牛汉等人出示过老舍写给她的多封亲笔信,可临终前,她将这些信全部销毁。

1999年11月27日,随着八十五岁的赵清阁先生去世,一段往事被永远地带到另一个世界。

二十二岁便闯出名头

赵清阁生于1914年,祖父是清朝举人,生母董氏擅诗画,在赵清阁五岁时即病逝。

初中毕业后,因不满父亲和继母包办婚姻,赵清阁在祖母帮助下出走开封,考入河南省开封艺术高中,毕业后原本想自立,将祖母接出来,因而在贫民小学当教员、教务主任等,可还没赚到钱,祖母便去世了。

赵清阁后在河南大学中文系旁听一年,接着考取上海美术专科学

青年时代的赵清阁

《女子月刊》1933年第一卷第七期上刊登的作家赵清阁照片

校西画系,因学费太高,在天一电影公司负责写宣传稿勤工俭学,并因此结识了老作家叶灵凤、剧作家左明、导演洪深等。

赵清阁十六岁时首次给报刊投稿即获发表,1934年春,二十岁的赵清阁给鲁迅寄去自己的小说、散文和旧体诗,没想到几天后,鲁迅便回信,约她去内山书店见面。

在左明陪同下,赵清阁见到了鲁迅,鲁迅建议她写新体诗,而非旧体诗,并说:"写散文要富诗意,作新诗对写散文有帮助。"

1935年7月,赵清阁毕业,回母校开封艺术高中任教。因被当局抄出田汉给她的信,赵清阁被捕,刘峙亲自审讯。结果一关就是半年,赵清阁在狱中染上肺病,后在姨母帮助下被保释,当局勒令她离开河南后便不许再回来。

不得已,赵清阁再赴上海,被上海女子书店聘为总编辑,担纲《女子月刊》,该杂志业绩不俗,令赵清阁名扬一时,当年她只有二十二岁。半年后,书店得知赵清阁曾入狱,将其解雇,赵清阁随即又策划出版了《女子文化》,影响亦较大。

在漂泊中相遇

1937年抗日战争全面爆发,赵清阁随王莹、洪深等在内地宣传抗战,开始写剧本。

华中图书公司老板唐性天想出一本与抗战相关的杂志,便找到赵清阁,双方商定推出《弹花》,所谓"弹花",即"子弹开出的花"。1938年3月15日,《弹花》创刊号在武汉面世,头条是老舍的《我们携起手来》。

赵清阁与老舍是剧作家胡绍轩介绍认识的,胡绍轩一直在编《文艺》月刊,与作家们往来较多。1938年2月,胡绍轩在武汉一

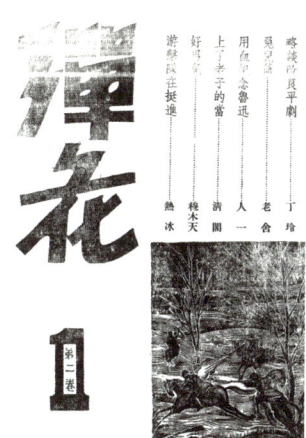

赵清阁主编的《弹花》杂志

著名作家老舍先生

赵清阁

家酒店订了两桌酒席,老舍、穆木天、郁达夫、赵清阁皆在被请之列。这可能是赵清阁与老舍第一次见面,这一年赵清阁二十四岁,老舍三十九岁。此时,老舍的家眷滞留北平,他孤身在武汉。3月27日,中华全国文艺界抗敌协会在汉口成立,老舍任总负责人,后赵清阁亦任组织干事。

老舍对《弹花》支持最力,前后发了十篇稿,他曾写道:"流亡到武汉,我认识了许多位文艺界的朋友,清阁女士是其中的一位,那时候,她正为创刊《弹花》终日奔忙。她很瘦弱,可是非常勇敢,独自办一个刊物已非易事,她还自己写稿子……《弹花》并不能给她饭吃,还须去做事挣来三餐。"

因武汉战事吃紧,赵清阁和老舍先后转去重庆。

《弹花》第二期出版没几天,两千册即销尽,第三期加印至三千册,但经营状况一直不佳,后因与官办《学生之友》杂志论战,只好在政治威胁中停刊。

辛苦交加的合作

老舍到重庆，先在林语堂购置的小别墅中与几位作家合住了一段时间。据梁实秋回忆，"房间很小，一床一桌，才可容身。他独自一人，以写作自遣……老舍为人和蔼可亲，平易近人，但是内心却很孤独"。

老舍曾戏称他住的房子是"头昏斋"，因营养不良，导致贫血，一低头便天旋地转，后来老舍又将其命名为"多鼠斋"，他写道："多鼠斋的老鼠不见得比别家更多，也不比别家的少。前天，老鼠在柳条包里、棉袍之上、毛衣之下，又生了一窝。"

在这里，老舍写了两百多万字的文章。

这时，赵清阁正在编"弹花文艺丛书"，找老舍要稿，老舍便写了一个话剧剧本《张自忠》，赵清阁对这个本子很不满意。老舍说："这时候清阁女士已读完了那个剧本，她又浇了我一场凉水。我说明了写作时所感到的困难，但是并不足以使她谅解。"赵清阁不满意，因老舍当时缺乏戏剧经验。

不久，抗战伤残军人萧亦五找老舍合写《虎啸》剧本，老舍马上想到赵清阁，赵清阁本不同意合作编剧，但最终被老舍说服。剧本由萧亦五先想出故事，赵清阁再设计结构，最终由老舍写台词。剧本完成后，反响平平。

通过合作，赵清阁对老舍语言幽默高度认同，双方准备再合写另

一部剧《桃李春风》，但工作还没开始，1943年5月，赵清阁便因阑尾炎住院，只能老舍先写好前两幕，送到医院，赵清阁写后两幕。10月，剧本刚完成，老舍也得了阑尾炎，住进医院。

抗战岁月里的艰辛

《桃李春风》是为纪念教师节而作，颂扬了教育者的气节，该剧上演后引起轰动，国民政府教育局特别奖励一万元。

小说家刘以鬯曾说："在抗战时期的重庆，赵清阁的名字常与老舍联系在一起。"此时二人比邻而居，梁实秋说老舍"搬到马路边的一排平房中的一间，我记得那排平房中赵清阁住过其中的另一间"。

在给阳翰笙的信中，赵清阁抱怨道："尤其是对于女性，做人更难。他会给你造出许多难以容忍的想入非非的谣言。"

1944年，重庆金价暴

老舍与胡絜青女士的结婚照，摄于1931年7月，在北京西单的聚贤堂

涨,引发抢购,在各方压力下,国民政府检察院公布了抢购黄金者名单,居然有个叫"舒舍予"的人抢了一百五十两黄金,舆论哗然。老舍生气地说:"重庆叫舒舍予的有十一个,谁信我能买得起黄金?"为此,《新华日报》还专门发文辟谣。

真实情况是,当时黄金限量出售,为多套购,孔祥熙之女孔令俊随便编了几个名字,不知为什么就想出个"舒舍予",其实她和老舍从无往来。

老舍先生年轻时赠给夫人胡絜青的照片

抗战期间,老舍生计艰难,他嗜烟,曾说"先上吊,再戒烟",可后来无钱买烟,居然也就戒了。

老舍赴美,清阁相送

1945年抗战胜利后,赵清阁想离开四川,却无路费,只好上街摆摊卖旧衣,被郭沫若看到,建议她画两幅国画,并说自己可以题字,赵清阁便画了两张,郭沫若还真给帮着把画卖掉了。

朋友得知赵清阁的窘况，马上给她寄钱，赵清阁得以赴上海任《神州日报》副刊主编。1946年1月1日，赵清阁编辑的第一期便发表了老舍的诗《新年吟》，不久，又发表了老舍的一篇文章。这年3月，老舍应邀赴美国讲学，赵清阁登船相送。

1947年，赵清阁完成小说《落叶无限愁》，写的是抗战胜利后，滞留大后方的中年教授邵环以为能与相恋的年轻女画家灿终成眷属，但灿不愿毁坏邵教授已有的家室，悄然离开，邵教授赶往上海寻到灿，可得知邵妻将追到上海，灿再次消失，"邵环倒在泥泞中，落叶寂寞地埋葬了他的灵魂"。

据学者陈子善研究，老舍曾想留在美国专事英文著述，但老舍在美国生活很拮据，作品被盗译，却无钱打官司要回，最终还是赛珍珠出面上诉到法庭，才帮老舍讨回公道。

曹聚仁为何编派许羡苏

曹聚仁是民国时期著名记者、作家，1927年结识鲁迅，从此往来密切。

曹聚仁青年时代主要在南方活动，1949年后，他穿梭于香港、台北、北京之间。

曹聚仁自称有"北大情结"，他年轻时本想报考北大，因家贫而放弃。1958年，年近花甲的曹聚仁参观了旧北大红楼（位于五四大街），特意写了《从红楼到未名湖——新文化运动的摇篮》一文。

曹聚仁曾写了《鲁迅评传》，其中舛错颇多，周作人虽读过原稿，鉴于有求于曹聚仁，未提出反对意见，遂使许多误会流传，而"鲁迅对许羡苏有情"说的影响尤剧。

许羡苏是鲁迅的学生，后助其管家，在鲁迅家生活多年，易生闲言。澄清这段发生在老北京的故事，对于全面理解鲁迅颇为重要。

鲁迅的好友之中，姓许的占着多数……一位是少年作家许钦文，一位是许钦文的妹妹许羡苏，她是鲁迅的恋人。还有一位则是他后来的妻子许广平。

这是曹聚仁在《鲁迅评传》中写下的话。

青年时代的曹聚仁

曹聚仁小鲁迅十八岁,至迟于1933年5月起与鲁迅建立直接交往(鲁迅逝于1936年10月),鲁迅曾给他写过四十封信。

《鲁迅评传》是鲁迅研究中的一部名著,周作人生前曾看过这本书,并于1958年1月20日致信说:"《鲁迅评传》大旨看完了,很是佩服,个人意见觉得你看的更是全面。"1964年6月19日,周作人写道:"下午阅《鲁迅评传》,诸人所作以此为特优矣。"

《鲁迅评传》在周氏兄弟失和一节中,对周作人及夫人羽太信子颇有指责,周作人却评价这么高,令人好奇:书中所涉许羡苏的部分是否准确?

《伤逝》是写给许羡苏的吗

许羡苏生于1901年,比鲁迅小约二十岁。在日记中,鲁迅提及她二百五十多次,双方有二百封以上书信往来,比鲁迅和许广平之间通信还多,许羡苏曾三次住进鲁迅家。

在《两地书》的原稿中,鲁迅写道:"至于他(孙伏园)所宣传的,是说:L家(指鲁迅)不但常有男学生,也常有女学生,有二人最熟,但L是爱长的那个的。他是爱才的,而她最有才气,所以他爱她。但在上海,听了这些话并不为奇。"

"二人最熟",指的是许广平和许羡苏,而"长的那个"则指许广平,许广平年长,且身材更高。《两地书》出版时,这段文字被鲁迅删去。

许羡苏离开鲁迅家后,把鲁迅写给她的信捆成一包,交给鲁迅的夫人朱安,可离奇的是,这些信竟全部遗失,而鲁迅写给母亲的信却保存了下来,这引起不少人的联想。

日本学者中村龙夫在《封建婚姻的牺牲者——朱安》一文中曾说:鲁迅与许羡苏"在师生之间好像有了秘密关系,朱安用女人的感觉也是可以察觉的",只是后来"由同一女子高等师范的学生许广平代替"。

鲁迅在小说《头发的故事》中,曾提到过许羡苏的遭遇。有学者认为,名篇《伤逝》也与许羡苏有关,因创作此文时鲁迅正与许广平热恋,小说男主人公涓生是鲁

图中左一为俞芬,左二为俞芳

鲁迅的原配夫人朱安(右一)和鲁迅的母亲(右二)

迅本人的化身,可小说却笼罩在伤感的氛围中,令人难解,似有告别旧情之意。

鲁迅母亲的"活脚船"

围绕鲁迅与许羡苏的传闻并非一日,但仔细梳理二人交往史,自可得出结论。

1920年秋,许羡苏与兄长自老家绍兴来到北京,准备投考北京大学,但北大学生公寓不许考生住宿,许羡苏便去八道湾找昔日中学老师周建人。周建人在征得周作人妻子羽太信子同意后,让许羡苏住进周宅。

许羡苏会讲绍兴话,颇得鲁迅母亲喜爱,鲁迅每日离家前与回家后,必向母亲请安,许羡苏因此第一次见到鲁迅,她后来撰文称:"(鲁迅)不多谈,进来转一转,看见有客就出去了。因为我是建人先生的学生,不是他的客人。"后周建人去上海,鲁迅"就无形中成了我(许羡苏)的监护人"。

1920年,许羡苏考入北京女子高等师范学校数理系,校长为毛邦伟,是鲁迅在教育部的同事。毛邦伟规定,凡剪短发者一律不收,而许羡苏恰好是短发,为此,周氏兄弟退回该校聘书,以示抗议,毛邦伟只好收回成命。以此为题材,鲁迅写了小说《头发的故事》和杂文《从胡须说到牙齿》。

入学后,许羡苏搬到学校去住,但鲁迅母亲要她周日回来陪自己聊天，并常托办杂事，称许羡苏为"活脚船"。

1923年7月，周氏兄弟失和，鲁迅准备搬家，恰好许羡苏的同学俞芬在砖塔胡同有几间空房，便介绍给鲁迅。8月2日鲁迅偕夫人搬了过去。俞芬和妹妹俞芳性格活泼，常和鲁迅开玩笑，许羡苏也参与其中，鲁迅则戏称俞芬为"房东"，俞芳后来曾任金庸的老师。

鲁迅也曾酒后失态

在砖塔胡同时，许羡苏的四哥许钦文在孙伏园引荐下，拜访了鲁迅。许钦文此前在《晨报》上发表过小说，鲁迅问孙伏园作者是谁，孙说："就是许羡苏的哥哥。"

1924年5月，鲁迅买下"老虎尾巴"，鲁迅母亲也搬来同住。同年许羡苏大学毕业，鲁迅介绍她去中学教书，暑假无处可去，1925年再度入住周家，年底鲁迅又介绍她去女师大图书馆工作，许羡苏复搬出，但依然每周日到周家。

1925年，鲁迅已与许广平书信往来，端午节时，鲁迅请俞芬姐妹、许广平、许

在许广平与许羡苏的争论中，鲁迅明显站在许广平一边。图为许广平

羡苏来家吃饭，许广平和俞芬等串通灌鲁迅，鲁迅果然喝醉，还因此失态，许羡苏离席表示不满。

第二天，许羡苏找到许广平，斥责说鲁迅母亲有规定，不允许鲁迅多喝酒，怕他"酒精中毒"，许广平忙写信道歉，鲁迅回信说："（你）也许听了'某籍'小姐的什么谣言了吧。"他进而写道："一，酒精中毒是能有的，但我并未中毒，即使中毒，也是自己的行为，与别人无干。第二，我并不受有何种'戒条'，我的母亲也并不禁止我喝酒。然而'某籍'小姐为粉饰自己的逃走起见，一定将不知从哪里来的故事，加以演义……"

在信中，鲁迅约许广平中秋节再聚，该信后被收入《两地书》。

为何离开周家

1926年8月，军阀混战，鲁迅避居于外国医院，阜成门架起了机关枪，许广平跑到鲁迅家去报信，可鲁迅母亲听不懂许广平的广东官话，许广平无奈，只好又回学校，拉许羡苏去翻译。鲁迅的母亲说："大先生（指鲁迅）不在家，害马（指许广平，因她被女师大开除时，被校方称为害群之马，鲁迅遂戏称她为害马）的话听不懂，你就不要走了吧。"许羡苏再度住进周家。

1926年8月26日，鲁迅与许广平乘火车南下，许羡苏去车站相送。鲁迅母亲和夫人朱安都不识字，且无处理外事能力，书信往来皆由许羡苏代劳，鲁迅为此每月支付她三十元"管家费"。

在给许广平的信中,鲁迅称许羡苏为"令弟",因二人同姓。

1929年5月,鲁迅回京探母,他写信给许广平自嘲说,"关于咱们的故事,闻南北统一(指1928年12月张学良易帜)以后,此地忽然盛传,研究者也很多",所以"以小白象(鲁迅昵称许广平为小白象)之事告知令弟(指许羡苏),她并不以为奇,说,这也在意中的"。

学生时期的许广平

1930年,许羡苏告别周家,去河北师范学院任教,临走前将家用账本寄给鲁迅,此举曾被解读为"决绝"。

但在许羡苏未刊手稿中,她说:"因为他(指鲁迅)想回北京写一本文学史,怕住房不够住,就租下西三条22号白木匠的三间北房……这样我就觉得南房(许羡苏在周家的住处)也不该有人常住。"

帮许钦文摆脱牢狱之灾

在河北师范学院,许羡苏结识了同事余沛华,婚后二人曾在上海居住,并登门拜访鲁迅,鲁迅托周建人赠给许羡苏一百元大洋。

著名学者倪墨炎根据《鲁迅日记》,发现此时鲁迅对许羡苏明显

许羡苏的哥哥许钦文,鲁迅先生曾帮他脱离了牢狱之火

冷淡了下来。1930年8月,"夜钦文及淑卿(许羡苏字淑卿)来,未见",四个月后,鲁迅母亲给许羡苏寄了一包果脯、小豆等,并附送周建人、鲁迅各一份,许羡苏将东西送到周建人家,却没亲自送到不远处的鲁迅家。

1932年2月,许钦文身陷囹圄。

许钦文与画家陶元庆交好,陶元庆给鲁迅设计过书封,三十二岁时患伤寒去世,在鲁迅资助下,许钦文建了陶元庆纪念堂。陶元庆的妹妹陶思瑾假期常在此住,没想到她与同学刘梦莹相恋,怀疑对方移情,由争吵至殴斗,竟失手将刘梦莹打死。许钦文牵连入狱,后警方发现刘梦莹是共青团员,遂给许钦文安上"窝藏共匪"的罪名。鲁迅忙请蔡元培斡旋,最终许钦文被判一年徒刑,缓期两年执行。

许钦文曾说:"生我者父母,教我者鲁迅先生也,从牢狱中救我出虎口者亦鲁迅先生也。鲁迅先生对我的恩情永远说不尽。"

许羡苏怀孕后,在成都安家。鲁迅博物馆筹备时,许广平点名要许羡苏来工作,许羡苏20世纪60年代退休后,又回了成都。据俞芳说,许羡苏晚年患老年痴呆症,脾气变得有些固执,最后连自己儿女家人都不认识了。许羡苏身后共有三男一女,八十六岁时去世。

周作人为钱闭嘴

可见,鲁迅与许羡苏只是寻常关系,为何曹聚仁要信口开河呢?为何周作人不指出其谬?

因周作人有求于曹聚仁,曹聚仁将周作人的稿件发在海外媒体上,当时为鼓励侨汇,每收到一笔从境外汇来的钱,有关部门都会按金额的多少发给一些购物票证,周作人在1961年的日记中写道:"得曹聚仁汇来港币百元,计四二元七角,又布票四尺,油糖肉各八两。"

在当时,票证比钱更重要。周作人曾自惭道:"虽然稿费有限,唯此刻侨汇有优待,此乃极不高尚的打算也。"

有求于人,就算意见不同,可能周作人也不会指出来,且周作人不喜欢许广平,以"妾妇"视之,而曹聚仁的书中对许广平也有一些负面意见。兄弟失和后,周作人对鲁迅的生活也不尽熟悉,他多次撰文谈"好色"之弊,暗讽鲁迅。戴上这层有色眼镜,对许羡苏与鲁迅的传闻,周作人自然是宁信其有。

曹聚仁晚年与鲁迅来往密切,对《鲁迅评传》,他颇为自得,但此书细节舛误甚多,依然未脱小说家写史的窠臼,书中所言,恐不能作为证据

曹聚仁与夫人邓珂云、女儿曹雷、曹霆在赣州,摄于抗战时期

引用，倒是评价较公允、精当。其实，曹聚仁明确说"不过男女之间的事难说得很，我在这儿也不多说了"，以示自己没有定论。

或者，鲁迅研究作为显学，创新空间已不大，后来者太想发挥创造力与想象力，难免不顾史实。

吴宓：此生恨未成小说

吴宓先生是我国比较文学研究的开创者，他学贯中西，却未留下专著，如不是记载甚丰的日记广为流传，今人对他所知不多。

吴宓在北京生活了十五年以上：1911年，他考入北京清华学堂（今清华大学前身）留美预备班，六年后赴美留学；1925年清华国学研究院成立，他受聘研究院主任，1930年赴欧；1931年回国，创办清华大学外文系，1937年南迁，此后再没回来。

在北京，吴宓基本没出清华园的小圈子，钱锺书的老师温源宁先生评价他说："作为老师，除了缺乏感染力之处，吴先生可说是十全十美。他严守时刻，像一座钟，讲课勤勤恳恳，像个苦力。"

吴宓人生最巅峰是在北京完成的，即主持清华国学研究院（1925年成立，1929年停办）。他请到了王国维、梁启超、陈寅恪、赵元任四大导师。王国维说："我本不愿意到清华任教，但见你执礼甚恭，大受感动，所以才受聘。"

清华国学研究院在短短四年内，培养了近七十名毕业生，其中五十多人成为著名学者，如钱锺书、曹禺、季羡林、王力、吕叔湘等，创造了教育史上的一个奇迹。

1937年，吴宓在清华园

窃尝谓人之一生,总当作成诗集一部,小说一部。一以存其主观之感情,一以记其客观之阅历。

1935年,吴宓自编《吴宓诗集》出版,在《编辑例言》中,他透露出要写一部长篇小说之意。

吴宓一生性格矛盾:留学美国,竟成国学大师;外表古板,可私下绯闻不断;反对说谎,自己却虚报年龄;向往真情,却对毛彦文反复无常……吴宓与胡适、鲁迅、梅光迪、沈从文等人均有过摩擦。吴宓的学生贺麟、李健吾、曹葆华"相率叛我(指吴宓)弃我而归于敌方",他的另一学生钱锺书曾说:"像他这种人,是伟人,也是傻瓜……最终,他只是一个矛盾的自我,一位'精神错位'的悲剧英雄。"

吴宓反对白话文学,却独爱小说,他称《子夜》"笔势具如火如荼之美,酣恣喷薄,不可控搏"。20世纪60年代,吴宓读了茅盾几乎所有小说。

1940年,吴宓在日记中写道:"晨至夕,连读老舍著《骆驼祥子》小说,甚至感动。以为此小说甚佳,脱胎于《水浒》,写实正品。"甚至说"法之Zola(左拉)等实不及也"。

然而,吴宓最终未写出他的小说,甚至也未写出一部与他才华相匹配的专著,堪称遗憾。

上了梅光迪的"贼船"

1894年,吴宓生于陕西泾阳,比胡适小三岁。

吴家是地方望族,世代书香,七岁时吴宓曾在上海生活了一段时间,后在陕西宏道高等学堂就读,该校聘有日本教师。故吴宓旧学、新学功底均称扎实。

著名学者、我国比较文学的开创者吴宓

十七岁时,吴宓考入清华学堂(按规定,只招十五岁以下学生,吴宓私自将年龄改小两岁,得以录取),当过班长,参加过学潮。1916年,吴宓准备赴美留学,因体检未过关,在清华又待了一年,1917年7月,吴宓到了美国。

吴宓原想学化学工程,但清华学堂校长周贻春认为吴宓文学功底好,让他去学英国文学。

到美国后,留学生们听说吴宓来美国学"文学",均以怪物、废物视之,让吴宓备感压力,加上吴宓所在大学几无华人,因此郁郁寡欢。

恰在此时,梅光迪伸出"友谊之手"。

梅光迪与胡适同乡,二人在美国西北大学是同级,关系密切。胡适主张文学革命,曾写诗给梅光迪说:"神州文学久枯馁,百年未有

健者起,新潮之来不可止,文学革命其时矣!"但梅光迪想单独开宗立派,回信说:"能合中西于一,乃吾人之第一快事。"

见解不同,胡适与梅光迪分头拉人。胡适曾说,自己激烈反对传统,完全是被梅光迪"逼上梁山"。

因《文学改良刍议》,胡适瞬间红透中国,梅光迪极感嫉妒,为扩大山头,便去拉寂寞难耐的吴宓加入文化保守派阵营。吴宓果然被梅光迪说服,表示:"今后,我当鞍前马后,唯君命是从。"

傻进不傻出的"白上尊号"

吴宓的恩师、美国著名学者白璧德

在梅光迪帮助下,吴宓转投梅光迪所在的哈佛大学,拜在著名学者白璧德门下。白璧德主张继承传统人文精神,吴宓追随他三年,从此视新文化运动为寇仇。

1921年,回国后的梅光迪自感势单力孤,写信要吴宓也回国,共同编纂《学衡》杂志,并给他在南京高等师范学校英语系找了个职位,但工资太低,只有一百六十元。

此时吴宓离毕业还有一年,且

已答应回国后去北京高等师范学校任教，工资要高得多，但吴宓还是决定去帮梅光迪。

1922年1月，《学衡》月刊正式在南京面世，创办者为梅光迪、吴宓、胡先骕、刘伯明、柳诒徵等七人。梅光迪表示："《学衡》杂志应脱尽俗氛，不立社长、总编辑、撰述员等名目，以免有争夺职位之事。"

可从第三期开始，吴宓擅自在《学衡杂志简章》中加入了"本杂志总编辑兼干事：吴宓；撰述员：人多，不具录"，如此"自上尊号"，引起梅光迪、胡先骕等人不满，"曾讽责宓，宓不顾，亦不自辩。以后《学衡》杂志社亦未再举行会议"。

性格老实的吴宓在梅光迪忽悠下，转向反对"文学革命"。图为我国首位留美文学博士梅光迪

吴宓在日记中自我辩解说，三国时曹操、刘备和孙权不都是自加尊号吗？"先有其功，后居其名，故毅然自取得之"。

《学衡》组织松散，创办者都是兼职来做，吴宓付出较多，但此举大有排挤之嫌。第二年，梅光迪不再供稿，且对外宣布："我与此杂志早无关系矣！"

十二年坚持化为泡影

梅光迪等人退出,《学衡》全由吴宓掌控。

《学衡》杂志鼓吹复古,恶骂胡适等人,当时正上大学的梁实秋说:"里面满纸文言,使人不敢进一步探讨其内容了。"

鲁迅则写了《估〈学衡〉》等杂文,对刊中文字错误大加嘲讽,认为《学衡》并无复古的能力与资格。鲁迅的文章仅千字,《学衡》亦未答复。当时吴宓还想不到,这件小事会深刻影响自己的后半生。

胡适在给友人信中说:"(《学衡》)也只能谩骂一场,说不出什么理由来。"但胡适任北大文学院长时,吴宓到北大兼课,胡适并未作梗。后陈寅恪想让梁启超当清华大学校长,要吴宓去活动,梁启超表示,他当校长后会请胡适来研究院,吴宓知道后,便不再为梁启超奔走。

1925年,吴宓担任清华国学研究院主任,在他的努力下,聘请了梁启超、王国维、陈寅恪、赵元任四大导师,引起轰动。冯友兰先生曾说:"雨僧(吴宓字雨僧)一生,一大贡献是负责筹备建立清华国学研究院,并难得地把王、梁、陈、赵四个人都请到清华任导师,他本可以自任院长的,但只承认是'执行秘书'。这种情况是很少有的,很难得的。"

1926年,因《学衡》发行量太低(每期仅数百份),中华书局不肯再承印,致其停刊一年。1927年,吴宓承诺每年补助六百元,《学衡》复刊，改成双月刊，但实际以后七年仅出了十九期。让吴宓尴尬的是，赞助这笔补助费的商家只愿给钱，不愿要杂志，倒是胡适订了全套《学衡》。

1932年，《学衡》内部再生纠纷，吴宓只好辞去总编职务，不久停刊。吴宓的好友陈寅恪得知《学衡》停刊，对他说："《学衡》无影响于社会，理当停办。"

竟敢说林语堂英语不佳

抗战期间，吴宓南下，在西南联大任教，此时胡适在美当大使，可吴宓仍时时感到胡派的压力。抗战胜利后，吴宓本可回清华，梅贻琦校长多次写信要他回去，吴宓也曾回北京数月，在燕京大学当教授，但最终他决定去武汉大学，因武汉大学校长刘永济曾是《学衡》撰稿人，吴宓以为可以不再受制于"胡适之的朋友"。

在武汉，吴宓又对沈从文产生误会。

吴宓原有妻子陈心一，是名媛毛彦文帮忙牵的红线，可吴宓突然对毛彦文产生感情，便与结婚七年

图为毛彦文

毛彦文一怒之下，嫁给了比她大二十八岁的熊希龄，此为二人结婚周年的纪念照

的陈心一离婚，使毛彦文落入舆论漩涡中，极为尴尬。在吴宓穷追猛打下，毛彦文终于同意了。

1931年，吴宓在巴黎，打电报要毛彦文放弃在美学业，和他结婚，可毛彦文到了巴黎，吴宓又变卦，忙着去追别的女性了。

毛彦文一怒之下，嫁给比她大二十八岁的熊希龄。1937年，熊希龄去世，吴宓又觉得有机会，不断写信向毛彦文求爱，毛彦文将这些信交沈从文退回，并让沈从文写个附言，让吴宓别再骚扰她。沈从文刚到北京时，曾在熊希龄手下工作，两人又是湖南老乡，沈从文只好代劳。吴宓原本就对沈从文主张白话文不满，从此再无往来。

乱开玩笑惹出大麻烦

1949年后，吴宓态度发生重大变化。

此前吴宓对鲁迅不以为然，曾说："宓之实际更胜过鲁迅多多，乃一生曾无美满之遇合。"认为鲁迅的写作是"刻酷之讥讽","其著作之害世,实非浅鲜"。

1932年11月,鲁迅自上海回北京探望母亲,在五所大学发表演讲,清华大学中文系主任朱自清两次邀请,鲁迅均称"抽不出时间"。朱自清与鲁迅有姻亲关系,鲁迅是他的远房姑父,朱自清推测鲁迅对"清华印象不好"。

据学者郑鹏飞考证,鲁迅当时完全抽得出时间,因两所大学邀请鲁迅时间比清华还晚,鲁迅也去演讲了。朱自清24日拜访鲁迅,25日和26日,鲁迅却去逛书店、商场和庙会。

当年鲁迅为与许广平结婚而离京,小报上曾遍布谣言,让鲁迅对生人极警惕。

1951年,鲁迅七十周年诞辰纪念时,吴宓所在的重庆大学中文系召开纪念鲁迅座谈会,当年《学衡》中坚邵祖平(邵祖平是章士钊的弟子)即席讲笑话,说"鲁迅先生……不修边幅的","鲁迅的深刻是什么?就是他不敢直说,故意把话弯弯曲曲的"。还说鲁迅批章士钊,因为章士钊罢了鲁迅的官。

这番言论传出后,有人提出了不满。

吴宓在日记中记道:"波澜大起矣。"

推了半天还是没躲过去

因《学衡》再度被提起,吴宓只好多次表态:"那时我们有些观

点绝对了,鲁迅是对的。""被鲁迅先生批过,该批,该批。"

在自编年谱中,吴宓特意提到《估〈学衡〉》,说"(该文)甚短,专就第一期立论……(第一期)所登之古文、诗、词皆邵祖平一人所作,甚陋劣",并注"鲁迅先生此言,实甚公允"。将责任推到原本与已有矛盾的胡先骕、邵祖平身上。

20世纪50至60年代,吴宓多次阅读鲁迅的文集,从不评论,但从"宓读鲁迅全集。归途,入崖厕"看,似有含意。1957年,他写下"宓痛恨刻薄讥讽之言,何益之深喜鲁迅一派之文章"。

1966年后,吴宓摔断左腿。

吴宓学生张致强曾撰文说,吴宓不愿火化,单位将他送到老家的亲属家,该亲属觉得吴宓全国闻名,应该很有钱,天天逼讨。吴宓向无积蓄,亲属不信,将他安置在废弃窑洞中,每星期送一袋窝头和一瓶开水。1977年冬,吴宓一直未出门,邻居查看时,已经去世。此说真实与否,尚有争议。

吴宓曾说自己能活三个二十八岁,他去世时果然八十四岁。以他晚年境况,未写出有水准著作,也在情理中。

小凤仙挽蔡锷联究竟出自谁手

1913年10月,蔡锷被袁世凯调入京城,1915年11月,蔡锷秘密离京,前后仅两年多。但这两年多,是蔡锷三十四年人生中,非常重要的两年。

进京初期,蔡锷颇有抱负,却发现袁世凯刻意将其边缘化,自己实处于被软禁的状态中。蔡锷遂逢场作戏,暗中谋划举兵反袁,他与小凤仙等人的关系不过是一层伪装。

蔡锷去世后,小凤仙声名鹊起,二人故事屡屡被搬上舞台,但生活所迫,小凤仙依然混迹于八大胡同。所谓"红颜救英雄"的神话,不过是苦难时代中,人们集体制造出的精神消费品,并无太多事实依据,对于当事人,也没有太多实际帮助。

值得注意的是,这种神话的创作模式自近代以来屡屡沉渣泛起,无非是现实太苦痛,人们需要一位拯救者来安慰内心的苦痛,可拯救者总也不来,或者是来了后,让人大失所望,于是,神话主角的选择范围日渐向下,从"赛二爷救了北京城",到"小凤仙救了民国",情节越荒诞,越能流传广布。

回望这段"神话"的集体创造史,不只是为了正源清流,避免以讹传讹,更是为了呼唤理性精神,从而消除类似神话诞生的基础。

1916年12月2日,北京《国风日报》第二版以《追悼大会纪事》为题,报道了1916年12月1日北京中央公园(今中山公园)举办的蔡锷追悼会,段祺瑞(时任国务总理)、许世英(时任内务总长)、伍廷芳(时任外交总长)均到场,大总统黎元洪、副总统冯国璋亦派代表参加,小凤仙"几欲以泪浴面"。

小凤仙提交了一篇诔(音如垒,一种哀悼文体),由王血痕(曾任《爱国晚报》主笔)代笔,另挽联二,《国风日报》提到的是短联,长联为:

万里南天鹏翼,直上扶摇,那堪忧患余生,萍水姻缘终一梦;
几年北地胭脂,自愁沦落,赢得英雄知己,桃花颜色亦千秋。

短联为:

不幸周郎竟短命;
早知李靖是英雄。

短联中"竟短命"与"是英雄"对得勉强,且"竟"是仄声(此处应用平声,但可变通)。长联则是民国名联。

刘成禺(民国元老,蔡锷出逃的见证人之一)在《洪宪纪事诗本事笺注》中称短联是"某髯手笔",未透露姓名。

长联代笔者有易顺鼎、樊增祥、杨云史、檀玑、苏逸云、王闿运等说法,易、樊、杨、王是当时文坛领袖,可能是附会。一般认为,此联作者是易宗夔,或为以讹传讹。

生在哪里是个谜

小凤仙,本名朱筱凤,张相文在《小凤仙传》中称:"父某清季武官,落职后,贫不能自活,携家卖饼上海,久之益困,遂质凤仙与妓寮。"

张相文是著名地理学家、教育家,本文发表于1929年,离小凤仙成名不久,似乎可信。但经学者曾业英辨析,此文改编自别人文章,未做深入考证。

关于小凤仙的籍贯,至少有三种说法:

谭戒甫在《蔡公松坡之轶事四则》称:"小凤仙,杭产也。"

《盛京时报》则说:"凤仙张氏,河南人也。"

余澹园在《平山堂札记》中说,小凤仙是扬州盐商尤家之后,因官司家道中落,母亲死于火灾,她被二舅卖到苏州妓院。范烟桥在《小凤仙身世之谜》中则称她是扬州街头弃婴,被妓女收养。

1951年,梅兰芳到沈阳,小凤仙亲自拜访,梅兰芳的秘书许姬传记下小凤仙原话:

小凤仙被媒体炒作成名妓,其实当时她的知名度不高

《孽海花》的作者曾朴对自己的儿子曾虚白说,自己曾帮助过小凤仙,但未提供证据,图为曾朴

我的父亲姓朱,母亲是偏房,大老婆瞧我们不顺眼,母亲带我离开朱家单过。母亲死了,姓张的奶妈抚养我,所以我姓张。辛亥年,奶妈在浙江抚台曾子固(指增韫,字子固,蒙古镶黄旗人,清代最后一任浙江巡抚)将军家帮佣,革命军炮轰曾(增)府,奶妈带我逃到上海,把我押给姓胡的学戏,到南京卖唱为生。十三岁那年,正遇张勋攻打南京,我跟胡老板逃回上海。以后到北京陕西巷云吉班(在八大胡同中属小班,只接达官贵人)卖唱做生意,就认识了蔡将军。

叙述甚详,却不知为何忽略了一个重要人物,即清末著名小说家、《孽海花》的作者曾朴。

小凤仙的相貌算不上美人

据曾朴的儿子曾虚白称:"小凤仙原本是杭州一个旗人姨太太的

女儿……临终时，把这孤女，托给老妈子。老妈子领着小凤仙，就住在先生（指曾朴）杭寓的对门……先生可怜小凤仙的遭遇，因与她养母约，每年津贴她若干钱，叫她带着小凤仙，到上海考学堂读书，不能让她堕落。"

几年后，曾朴到南京，于宴席间突遇小凤仙，始知她已成妓女，还"赶到她的寓所，把老妈子痛责了一顿"。

曾虚白说，这些都是曾朴亲口讲给他的，但曾朴的话未必靠谱，因他称后来在北京又遇见了小凤仙，她"已变成了红极一时的红姑娘"。

事实上，在1915年11月11日蔡锷逃离北京前，从无媒体提到过小凤仙。

1913年2月下旬，北京《民主报》按八大胡同"每岁春季"的旧例，搞过一次评选，评出"博士"四名、"学士"三十三名，云吉班的洪红宝被列为色科"学士"，小凤仙却不在榜中。可见，她并不出名。

未入选，可能因小凤仙"上颚左右二牙外露，开口颇损美观"。《民初史略》也说她："相貌乏过中姿，性情甚是孤傲，所过人一等的本领则粗通翰墨，喜缀歌词。"

曾虚白说："卒经先生（指曾朴）从中劝解，完成了这一英雄美人的结合。"意思是曾朴撮合了二人。但据蔡锷手下师长李鸿祥回忆，小凤仙本是他逛八大胡同时招来的雏妓，"年方十四五，貌非甚美，而歌喉婉转"，蔡锷亦在座，觉得小凤仙唱得不错，两人就此认识。

蔡锷并未沉迷于小凤仙

蔡锷结识小凤仙,被许多人解读为"佯装沉迷酒色,以蒙蔽袁世凯"。

事实上,蔡锷在京任职期间(时任经界局督办)工作勤奋,与小凤仙往来有节。蔡锷的下级周钟岳说:"(蔡锷)制订法规数十种,曾印有经界法规一巨册。又指定人员,研究中国田赋制度,并派员出国考察,搜讨中西书籍,详加编辑,成为《中国经界概要》《各国经界概要》两巨册,时值倭寇提出'二十一条',以胁迫袁政府,松坡感愤国危,力请备战,著《军事计划》数十篇,其中有数篇,为蒋百里协作。予时在松坡先生幕府,见其治事甚勤,安有……惟逛娼赌博,以求消遣之事。"

1915年10月14日上午,京畿军政执法处排长吴宝鋆带兵闯入蔡锷住宅,蔡锷因上班不在家,据上海的《时报》报道:"有着军服者五人贸贸然来,声称系军政执法处卫队,奉处长谕:'有大总统令,命查抄盐商何姓寄存之赃物。'蔡宅家丁方欲拦阻,已排闼而入,

名将蔡锷

翻箱倒箧，颇极骚扰，其势汹汹，不可理论。"

事后吴宝鋆称是误会，但显然是袁世凯已怀疑蔡锷，让吴抄家以寻找证据，此后蔡锷"始连日逗留凤仙家，品茶奏曲为乐"。

蔡锷当时已有两位夫人，感情甚笃。面对小凤仙，蔡锷可能只是逢场作戏。因为当时城市无公共空间，休闲、娱乐、品茶、公务会谈等一般都在妓院进行。

蔡锷的另一夫人潘蕙英，蔡锷与他感情甚笃，不可能移情于小凤仙，图为潘蕙英

谁编出"美人救英雄"的故事

是谁帮助蔡锷逃离北京？小凤仙、曾鲲化（时在交通部任职）、端纳等都曾自称是策划与操作者。

端纳是澳大利亚记者，最早对外公开"二十一条"，曾口述《端纳回忆录》，绘声绘色地讲了蔡锷逃跑经过，但细节时间对不上。

学者曾业英认为，目前看来，当事人、黎元洪的亲信哈汉章记述最合理。蔡锷与哈汉章是同学，1915年11月10日，哈母大寿，蔡锷约几人"聚博终夜"。早上7点，蔡锷到新华门，做出袁世凯召见他、他却到早了的样子，还打电话给小凤仙，约中午12点半吃饭。趁监督者

放松警惕，蔡锷直奔前门火车站，逃出北京。

哈汉章说："松坡走后，予受嫌疑最重，从此宅门以外，逻者不绝……小凤仙因有邀饭之举，侦探盘诘终日，不得要领。乃以小凤仙坐骡车赴丰台，车内掩藏松坡上闻。予等亦宣扬小凤仙之侠义，掩人耳目。明日，小凤仙挟走蔡将军之美谈，传播全城矣。"

可见，为洗清自己，大家才共同创作出"侠妓"小凤仙的故事，真正帮蔡锷脱逃的是其部下李鸿祥等。

美人救英雄的故事契合了当时人们的心理需求。

1916年11月12日，蔡锷喉癌去世仅四天，《申报》便刊出民鸣社戏剧广告《再造共和之大伟人蔡锷》，将蔡锷与小凤仙的故事搬上舞台。同年12月5日，《申报》刊出笑舞台上演《筱（音同小）凤仙哭祭蔡锷》的广告，称："筱凤仙与蔡锷究有何等关系，筱凤仙何以哭祭蔡锷，恐知之者甚鲜，本舞台访得实情，编成斯剧。"

此后，小凤仙的名字频频出现于报章。

易宗夔只是抄录者

小说、戏剧将小凤仙描绘成倒袁的"总设计师"，其实她文化程度不高。1951年她给梅兰芳写信，语言欠流畅，还有两个错别字（全文不到两百字）。

一般认为，小凤仙的长挽联出自易宗夔手。易宗夔早年与谭嗣同等创立南学会，因发表《中国宜以弱为强说》名噪一时，被湖广总督张之洞斥为"匪人邪士，倡为乱阶"。易宗夔后来留学日本，民国时出任众议员。易宗夔用古文写过《新世说》，完全模仿《世说新语》，蔡元培为之题跋，赞"几乎无一字无来历"。虽然他写旧文章，却写信给陈独秀、胡适，推崇文学革命。

在《新世说》中，收录了那副长联，后人以为是易宗夔代作的明证，其实苏逸云在《卧云楼笔记》中也收录了那副长联，但苏逸云进京时，蔡锷已离京，二人无交往。可见信笔所录，不足为据。

学者伯翔考证认为，长联作者应为朱颉成，他是清末进士，曾任国会议员，与蔡锷往来密切，小凤仙与他的姨太太有交情。朱颉成的长子朱有瓛（音同环）（著名教育家）、次子朱有玠（著名园林学者）均知此事。

清同治年间的进士檀玑在笔记中称，自己曾替小凤仙写挽联，如长联作者确定，则短联的"某髯"应为檀。

檀玑在翰林院工作了三十多年，自称"天下翰林皆后辈，朝中宰相半门生"。檀玑的名气不大，但文章老到，书法尤出众。但江苏常熟人庞病红称自己是短联作者，他在《红脂识小录》中具载此事，全联为："素车白马而来，谁料周郎竟短命；名士美人无数，早知李靖是英雄。"

可能是为小凤仙代笔长挽联的易宗夔。他曾与谭嗣同等人创立南学会

晚年爱美却不爱干活

蔡锷可能曾为小凤仙赎身,蔡锷逝后,小凤仙一度似有殉情之念,诸多小说、戏剧亦以此结局。据《长沙日报》1916年11月30日报道,警方传小凤仙到署询问,"警官乃言生命至重,万不可轻萌短见。凤仙答谓:'个人之事,可不必管。'"

事实上,小凤仙只是离开了云吉班,之后仍在八大胡同谋生。

1951年春,梅兰芳赴沈阳演出,下榻于政府交际处招待所,收到小凤仙字条,借口家侄张鸣福曾和李万春学徒,打听下落,实希望从梅兰芳处获得帮助。

梅兰芳与小凤仙见了一面,了解了她后来的经历:离开八大胡同后,小凤仙嫁给了东北军一名师长,移居沈阳。师长死后,改嫁其厨师陈某。陈某去世后,1949年,小凤仙又嫁给丧妻的李振海,成了四个孩子的继母,对外自称叫"张洗非"。

据小凤仙的继女李桂兰回忆,晚年小凤仙"爱美,整洁,不爱干活"。家中生活完全靠李振海支撑,生活困难,但小凤仙"干得最多的活就是洗自己的衣服,从来不做饭,但是生活却很有规律,每天早晨自己出去遛弯的时候,都会在外面吃过早饭"。

当时"大家都穿得很土气,可是她(指小凤仙)特别爱穿旗袍,而且在旗袍一侧别着一个小手帕",李桂兰问为什么,小凤仙不答。

小凤仙向梅兰芳详细讲述了她当年怎样帮蔡锷逃跑、多属虚构,梅兰芳为她提供了一些帮助,后小凤仙给梅兰芳写信表示感谢,梅兰芳未回复。

1954年3月,小凤仙突发脑溢血倒在自家平房旁的公厕里,终年可能是五十四岁,也可能是五十五岁。

图书在版编目（CIP）数据

名士·斯文风雅 / 蔡辉著. — 北京：北京美术摄影出版社，2019.10
（京腔京韵话北京）
ISBN 978-7-5592-0298-7

Ⅰ. ①名⋯ Ⅱ. ①蔡⋯ Ⅲ. ①名人—介绍—北京 Ⅳ. ①K820.81

中国版本图书馆CIP数据核字（2019）第209421号

总策划：李清霞
责任编辑：董维东
执行编辑：班克武
责任印制：彭军芳
装帧设计：金 山

京腔京韵话北京

名士·斯文风雅
MINGSHI · SIWEN FENGYA

蔡 辉 著

出　　版	北京出版集团公司
	北京美术摄影出版社
地　　址	北京北三环中路6号
邮　　编	100120
网　　址	www.bph.com.cn
总 发 行	北京出版集团公司
发　　行	京版北美（北京）文化艺术传媒有限公司
经　　销	新华书店
印　　刷	天津联城印刷有限公司
版 印 次	2019年10月第1版第1次印刷
开　　本	787毫米×1092毫米　1/16
印　　张	15.5
字　　数	171千字
书　　号	ISBN 978-7-5592-0298-7
定　　价	88.00元

如有印装质量问题，由本社负责调换
质量监督电话　010-58572393